SUSANNE HÜHN

Jede Wunde lässt sich heilen

Wie wir emotionale Verletzungen und Kränkungen aus der Vergangenheit loslassen

INHALT

Vorwort von Stefanie Stahl 4

Einleitung: Eine Reise zur Heilung 6
   Ungeheilte Wunden 7
   Eine Reise in sieben Stationen 10

1. Akzeptieren, dass wir emotionale Wunden in uns tragen 15
   Das verletzte Kind in uns 16
   Unser innerer Eissee 22
   Selbstzweifel 31
   Die Lasten anderer 36

2. Erkennen, wie sich unsere emotionalen Wunden zeigen 39
   Offene Rechnungen 40
   Verleugnung 45
   Selbstabspaltung 47
   Körperliche Beschwerden 49
   Angst und Stress 54

3. Anschauen und unseren inneren Anteilen begegnen 69
   Was sind innere Anteile? 70
   Das innere Kind 73
   Der innere Erwachsene 78

4. Stärke entwickeln: Uns unserer inneren Kräfte bewusst werden 85
   Was sind innere Kräfte? 86
   Resilienz 88

Willenskraft	90
Fokus	93
Beharrlichkeit	96
Unterscheidungskraft	98
Intuition	100
Geisteskraft	103
Tatkraft	106

5. Sich selbst zuwenden: Selbstmitgefühl und Achtsamkeit trainieren ... **111**
  Achtsamkeit entwickeln ... 112
  Von Selbstmitleid zu Selbstmitgefühl ... 119
  Selbstliebe statt Selbstkritik ... 127

6. Sich selbst retten: Selbstverantwortung und Selbstfürsorge ... **134**
  Der Retter in uns selbst ... 135
  Selbstfürsorge ... 143
  Sicherheit für das innere Kind ... 152

7. Frieden schließen mit dem, was war und ist ... **159**
  Selbsterkenntnis ... 160
  Selbstvergebung ... 167
  Den verzweifelten Kampf um Liebe beenden ... 172
  Den inneren Krieger erlösen ... 181
  Die Zauberkraft des inneren Friedens ... 187

Danksagung ... 190

Buchempfehlungen ... 191

Vorwort: Die Macht der Kränkung

Von Stefanie Stahl

Susanne Hühn widmet sich in ihrem neuen Buch der Macht der inneren Verletzungen und Kränkungen. Dies ist ein sehr wichtiges Thema, denn nichts kann eine so starke emotionale Wucht entwickeln wie eine erlebte Kränkung. Kränkungen und Demütigungen entfalten häufig enorm destruktive Wirkungen, die jede Form des Miteinanders ruinieren können. Ein stichelnder Kommentar, eine ätzende Kritik, eine vergessene Geburtstagskarte können starke Rachegelüste auslösen. Oft denken wir, es sei tatsächlich der aktuelle äußere Anlass, der uns in derart starke Gefühlsausbrüche versetzt, aber häufig verbirgt sich dahinter ein altes Drama, ein Dauerschmerz, der aus unserer Kindheit rührt. Es ist dieses »Innere Kind«, der alte Schmerzkörper, dem sich Susanne Hühn in ihren Büchern widmet und dieses Thema kann meiner Meinung nach gar nicht genügend Beachtung bekommen. So ist es doch dieser Persönlichkeitsanteil in uns, der auf einer häufig unbewussten Ebene nicht nur dafür sorgt, dass wir uns selbst Steine in den Weg legen und leiden, sondern auch anderen im Wege stehen und ihnen emotionale Schmerzen zufügen.

Es ist meine tiefste innere Überzeugung, dass die Selbstreflexion unserer alten Muster und Neurosen nicht in den Freizeitbereich ambitionierter Hobbypsychologen zu verweisen ist, sondern eine politische Notwendigkeit darstellt! Fast alles Übel dieser Welt entsteht aus einem Mangel an Selbstreflexion der Mächtigen und des Volkes.

Susanne Hühn trägt mit ihrer Arbeit dazu bei, diese Welt reflektierter und somit ein bisschen freundlicher zu gestalten. Die Stärke dieses Buches liegt darin, dass es präzise die Mechanismen beschreibt, wie wir uns selbst verletzen und verletzen lassen und wie wir lernen können, diese Mechanismen aufzulösen. Der Schlüssel zum Glück liegt in der bewussten Wahrnehmung dessen, was ist – sowohl bei uns selbst als auch bei anderen. Um zu einer möglichst genauen Einschätzung der Realität zu kommen, benötigt es im ersten Schritt den Mut, sich der eigenen Angst zu stellen. Der Angst, die entsteht, wenn man die emotionale Verletzung bei sich selbst übergeht – und auch der Angst, die eine tiefe Selbsterkenntnis auslösen kann. Die Verdrängung ist ein Schutzmechanismus, der viel Sinn ergeben kann, wenn man eine unerträgliche Situation aushalten muss, der aber viel Schaden anrichtet, wenn sie zu unreflektierter Agitation im Verhalten der Betroffenen führt.

Susanne Hühn macht den Leserinnen und Lesern Mut, sich ihren alten Wunden zu stellen. Sie zeigt, woran man emotionale Wunden erkennt, welche Kräfte man in sich entwickeln sollte, damit man sich die alten Verletzungen überhaupt anschauen kann, wie man sich selbst die so wichtige innere Sicherheit schenkt und wie man in Frieden mit dem kommt, was einem zugestoßen ist. Damit man sein Leben von nun an bewusster, selbstbestimmter und damit glücklicher gestalten kann. Und damit auch für andere Menschen ein liebevoller und verlässlicher Partner, Freund oder Mitarbeiter ist. Besonders aber wird man, wenn man sich die eigenen alten Verletzungen anschaut, ein sehr viel besserer Elternteil für die, die uns am meisten brauchen, für unsere Kinder.

Ein wunderbares Buch für alle, die sehenden Auges durchs Leben gehen möchten.

Einleitung: Eine Reise zur Heilung

Aus freiem Herzen kluge Lebensentscheidungen treffen, die einen glücklich machen, das will wohl jeder. Und doch fühlen wir uns seltsam gehemmt, als würde uns etwas in unserem Inneren zurückhalten. Und so ist es auch. Emotionale Verletzungen blockieren uns. Doch nur so lange, bis wir selbst unser bester, treuester Freund werden.

Ungeheilte Wunden

Wir alle werden von anderen verletzt. Und verletzen andere. Ganz bewusst, aus Versehen oder sogar in bester Absicht. Meist unbemerkt gären die Kränkungen, die Verletzungen, das Nichtgesehenwerden in unserem Inneren. Sie kosten viel Kraft, sorgen für ein Gefühl der Überforderung, eine ständige innere Anspannung, für Müdigkeit und Stress, ohne dass wir wissen, warum.

Ungeheilte Wunden binden unsere Lebensenergie, zehren an unseren Kraftreserven und verhindern, dass wir aus vollem Herzen leben und uns mit Haut und Haaren für unsere Wünsche, Träume, unsere Bestimmung und Berufung engagieren.

Und so fühlt sich das Leben dann auch an: Die meiste Zeit warten wir darauf, dass es endlich beginnt. Wir nehmen den tollen Job nicht an, weil wir scheitern könnten. Wir vertiefen eine neue Bekanntschaft mit einem liebenswerten Menschen lieber nicht, denn er oder sie könnte uns verlassen. Wir ziehen als Frührentner lieber nicht ans Meer, weil es ein Fehlschlag werden könnte. Klingt das vernünftig? Nein. Das ist es auch nicht. Lebendigsein geht anders. Gelassensein auch.

EIN BOHRENDER SCHMERZ

Emotionale Verletzungen entstehen immer dann, wenn wir uns ungerecht behandelt fühlen, wenn unsere Bedürfnisse nicht erkannt werden, wenn wir das, was wir wirklich wollen, nicht sagen können und uns deshalb zurückgesetzt und nicht gesehen fühlen. Sie entstehen, wenn wir unsere Bedürfnisse nicht kommunizieren, weil wir sie vielleicht nicht einmal kennen, oder weil wir Angst haben, zurückgewiesen zu werden, wenn wir äußern, was wir wollen oder nicht wollen. Emotional verletzt werden wir auch, wenn andere uns abwerten, wenn wir nicht ernst genommen, nicht wertgeschätzt werden. Wenn andere uns die eigenen Bedürfnisse absprechen oder lächerlich machen. Wenn andere nicht zuhören und wir statt Liebe nur den Kampf um Liebe erleben.

Im Moment der Verletzung erleben wir etwas, das in der Psychologie als »sauberes« Gefühl bezeichnet wird. Diese erste unmittelbare und ganz natürliche Reaktion erfolgt immer und ganz spontan. Wir spüren Bedauern, Schmerz, Wut und Angst. Aber meistens unterdrücken wir diese Gefühle sofort oder jemand redet sie uns aus. Dadurch wird das spontane Empfinden »verunreinigt«. Das »saubere« Gefühl wird verdrängt durch Groll, Beleidigtsein, innerlichen Rückzug, Ärger oder Rachegelüste. Besonders aber durch Scham. Die zweite Reaktion kann so stark sein, dass wir das ursprüngliche Gefühl gar nicht mehr fühlen können, selbst wenn wir es wollten. Die erste, saubere emotionale Wunde, die gut heilen könnte, ist damit verschmutzt und bräuchte zur Heilung nun umso mehr Aufmerksamkeit und Pflege.

Es gibt wenig, was das Leben so nachhaltig vergiften kann wie das unbewusste Festhalten an erlittenen Kränkungen und Verletzungen.

Doch dafür lässt uns der Alltag keine Zeit und wir sind zu wenig geübt darin, mit starken Emotionen umzugehen, schon gar nicht mit schmerzlichen oder komplizierten. Also belassen wir unsere Wunde, wie sie ist, kleben ein Pflaster auf und hoffen, dass alles mit der Zeit von selbst heilt. Aber stattdessen sorgt die Zeit dafür, dass alles nur schlimmer wird. Die Verbände, die wir brauchen, werden immer dicker und schwerer. Sie machen uns unbeweglicher, als wir sein müssten. Und jedes Mal, wenn wir eine neue Enttäuschung, einen Verlust oder eine Zurückweisung erleben, melden sich schmerzhaft auch die alten Wunden. Und so schmerzt einen irgendwann das ganze Leben.

Im Moment der Verletzung hat sich niemand um uns gekümmert. Niemand hat mit uns darüber gesprochen, sich entschuldigt oder uns getröstet. Oft haben sie nicht einmal gespürt, dass wir verletzt worden sind – und manchmal haben wir selbst die Verletzung nicht bemerkt. Eine ungeheilte Wunde ist entstanden und die aus der Verletzung heraus entstandenen Bedürfnisse sind ungestillt geblieben. Und genau diese ungestillten Bedürfnisse nehmen noch heute Einfluss auf die Entscheidungen, die wir treffen. Auf diese Weise wirken sich nicht nur Ungerechtigkeiten und Kränkungen aus, die wir selbst erlitten haben. Auch uralte Familienfehden und -geheimnisse können das eigene Lebensglück nachhaltig beeinträchtigen.

Auf wen trifft das nicht zu?, könnten wir uns fragen. Hat denn jeder alte Wunden? Letztlich ja. Denn emotionale Verletzungen lassen sich gar nicht vermeiden. Und da wir gerade erst verstehen, wie nachhaltig ungesehene alte Wunden die Entscheidungen, die wir täglich treffen, beeinflussen, widmen wir uns auch erst jetzt unserem Inneren. Damit wir uns nach innen wenden und uns um die alten Verletzungen kümmern können, braucht es eine gesellschaftliche, aber auch persönliche Zeit des Friedens und Wohlstandes, der Sicherheit. Solange wir uns noch im globalen oder persönlichen Überlebenskampf befinden, können wir es uns nicht leisten, die Aufmerksamkeit auf uns selbst zu richten. Wir müssen funktionieren.

Wir sind also alle auf irgendeine Weise verletzt worden und tragen alle ungesehene emotionale Wunden mit uns herum. Aber alte Wunden wollen gesehen werden, damit sie heilen können. Und sie wollen heilen, auch darauf kann man sich verlassen. Das Leben ist an sich selbst interessiert. Die inneren Selbstheilungskräfte warten nur darauf, aktiv zu werden.

Übrigens: Überall dort, wo ich der besseren Lesbarkeit wegen nur die männliche oder weibliche Form benutzt habe, sind alle Geschlechter mitgemeint.

Eine Reise in sieben Stationen

Das Heilen alter Wunden eröffnet uns die Möglichkeit, unser Leben durch inneren Frieden und innere Freude ganz neu zu gestalten und die alten Geschichten, so leidvoll sie auch waren, hinter uns zu lassen. Das heißt nicht, sie zu vergessen oder gutzuheißen, sondern im Hier und Jetzt ganz da zu sein. Dazu müssen wir uns tiefgehend mit uns selbst befassen. Was, wenn es um Gefühle geht, mit einigen inneren Hemmschwellen belegt ist, weil es wehtun könnte, sich emotionale Wunden anzuschauen. Und was bringt es uns überhaupt, derart schmerzvolle Gefühle zu fühlen? Machen sie das Leben nicht nur komplizierter, oft genug sogar chaotisch? Ja, wenn man sich von seinen Gefühlen beherrschen lässt, wie Kinder das tun. Lernt man, auch das Unangenehme zu fühlen und dabei innerlich klar zu bleiben, dann sind unsere Gefühle wundervolle Ratgeber und machen das Leben bunt und lebendig. Sie sind ja sowieso da. Wir können uns leider nicht aussuchen, welche Gefühle wir fühlen und welche nicht – wir können nicht selektiv fühlen, sondern wir fühlen einfach oder eben nicht. Unerwünschte Gefühle zu unterdrücken kostet viel Kraft. Wenn wir aber lernen, auf positive Weise mit Gefühlen umzugehen, macht uns das erfolgreicher und glücklicher. Denn es sind genau diese Gefühle, die uns zu unserem Lebensglück führen, wenn wir auf sie hören.

Glück und Freude erlebt nur, wer auch bereit ist, Schmerz und Angst zu spüren.

Der Gewinn ist riesig: Wenn wir uns selbst spüren, sind wir

viel lebendiger. Das Leben wird wieder spannend, wir fühlen uns innerlich frei, unbeschwert, sogar jünger. Wir finden auf einmal frischen Mut für Veränderungen, können unsere Lebensweichen neu stellen, weil wir nicht mehr aus Angst vor Enttäuschung oder Verletzung im Alten verhaftet bleiben.

Damit unsere alten Wunden heilen können und das Leben wieder schön wird, machen wir uns auf eine emotionale Reise hin zu uns selbst. Denn wie wäre es, wenn wir selbst zu dem Menschen werden könnten, den wir als Kind so dringend gebraucht hätten? Und auch heute noch brauchen?

Wir können lernen, unser eigener Verbündeter zu sein und dadurch frei zu werden. Es ist ein sicherer und erprobter Weg, aber natürlich kein Ersatz für eine Therapie. Ebenso wenig können alle Probleme, die im Zusammenhang mit emotionalen Wunden auftauchen, ad hoc aus der Welt geschafft werden. Aber auf dieser Reise können wir viel für uns selbst tun. Sie führt uns über sieben Stationen in ein besseres Leben:

SIEBEN-STATIONEN-FAHRPLAN

1. Akzeptieren, dass wir emotionale Wunden in uns tragen
2. Erkennen, wie sich unsere emotionalen Wunden zeigen
3. Anschauen und unseren inneren Anteilen begegnen
4. Stärke entwickeln: Unsere inneren Kräfte entdecken
5. Sich selbst zuwenden: Selbstmitgefühl und Achtsamkeit trainieren
6. Sich selbst retten: Selbstverantwortung und Selbstfürsorge
7. Frieden schließen mit dem, was war und ist

ZU DEN ÜBUNGEN IN DIESEM BUCH

In diesem Buch werden uns viele innere Bilder begegnen, die innere Prozesse verdeutlichen. Sie wirken im Nervensystem genau so, als würden wir tatsächlich neue Erfahrungen machen. Denn der fühlende Gehirnteil, das sogenannte limbische System, kann mit Worten und Logik nichts anfangen. Es reagiert auf Symbole und Bilder. In Gedanken Erlebtes hat eine ähnliche Trainingswirkung, als würden wir die Erfahrung körperlich durchleben. Das belegt die Gehirnforschung und ist besonders in der Sportwissenschaft ein erprobtes Trainingsmodell. Wir selbst spüren das zum Beispiel daran, dass uns eine gedachte Situation viel mehr Angst machen kann als das, was wir dann wirklich erleben.

In den Übungen in diesem Buch spreche ich meine Leser direkt und mit »du« an, damit du spürst, ja, *du* bist gemeint! Die Übungen bauen aufeinander auf, das heißt, wir entwickeln nach und nach das, was nötig ist, damit die alten Wunden in Heilung kommen. Je nach Übung werden dabei ganz unterschiedliche Gehirnteile aktiviert, die für lebensverändernde Prozesse alle gleichermaßen wichtig sind. Manchmal sind auch verschiedene Techniken in einer einzigen Übung versammelt. Sie sind also zum Teil etwas aufwendig, und das ist auch nötig. Emotionales Umlernen erfordert einen gewissen Zeitaufwand, weil so viele innere Anteile beteiligt sind und weil das Fühlen so tief im Gehirn verankert ist.

Damit emotionale Wunden heilen können, genügt es nicht, anders zu denken. Wir müssen lernen, anders zu fühlen.

Die Schreibübungen und die Fragen dieses Buches mobilisieren unsere Intuition, unsere Fähigkeit, uns selbst zu beobachten und den Verstand. Indem wir unsere eigentlichen Beweggründe erkennen, erlangen wir ein Bewusstsein darüber, was uns steuert. Und genau das ist eine wichtige Voraussetzung dafür, selbstverantwortlicher und befreiter zu leben. Deshalb ist es sinnvoll, sich möglichst intensiv auf die Übungen in diesem Buch einzulassen. Sie entfalten ihre Wirkung erst bei der Durchführung, weil dann viel mehr Gehirnteile aktiviert werden als nur allein beim Lesen. Wir wollen ja auf eine neue Weise mit uns umgehen lernen. Und »Reiten lernt man nur durch Reiten« lautet ein bekannter Sinnspruch. Weder allein durch Zuschauen noch durch Darüberlesen oder durch Darübernachdenken. Nur durch das Tun. Und so ist es auch hier: Sich zu fühlen lernt man nur durch Fühlen. Dafür brauchen wir die Bereitschaft, uns zu öffnen, bis dato unbekannte Wege zu gehen und neue emotionale Erfahrungen zu machen – damit die alten Wunden Schritt für Schritt heilen können.

- **Innere Reisen:** Fantasiereisen aktivieren Bereiche im Stammhirn, die mit dem Verstand allein nicht erreichbar sind. Die symbolträchtigen Bilder regen die jedem Menschen innewohnenden emotionalen Selbstheilungskräfte an, die sich nicht logisch und rational erfassen, sondern nur an ihren Auswirkungen erkennen lassen. Mithilfe der inneren Bilder wird vor allem das hormonelle Gleichgewicht positiv beeinflusst, das maßgeblich am emotionalen Erleben beteiligt ist.
- **EFT-Übungen und Affirmationen:** Damit wollen wir negative durch positive Glaubensmuster ersetzen und ungenutzte innere Kraftquellen aktivieren. In einigen Übungen sind diese Affirmationen mit einer Klopftechnik verknüpft, die aus dem EFT stammt, den *Emotional Freedom Techniques*.
- **Die Übungen mit dem »leeren Stuhl«:** Diese Übung aus der Gestalttherapie bringt uns in bewussten Kontakt mit unseren verschiedenen inneren Kräften und Anteilen. Indem wir diese inneren Anteile mit ihren ganz eigenen Stärken, Bedürfnissen und Ansichten kennenlernen, können wir sie bewusst in unserem Leben berücksichtigen und nutzen.

- **Arbeit mit Fragen:** Dieses Buch enthält viele Fragen, die du dir selbst stellen sollst. Mit den Antworten musst du nichts tun. Sie sollen vor allem eins bewirken: dir Informationen über dich selbst geben, die aus deinem Innersten kommen und dir zeigen, dass es tatsächlich eine »innere Wahrheit« gibt. Dadurch kommst du in Kontakt mit dir selbst und lernst dich besser kennen. Durch das bewusste und fühlbare Erkennen, welche Auswirkungen unsere Handlungen haben, lernt das Gehirn und wir handeln in Zukunft automatisch anders.
- **Reisetagebuch:** Alle Fragen und Beobachtungen in diesem Buch kannst du im Stillen, aber noch besser schriftlich beantworten. Vielleicht legst du dir dafür ein eigenes Tagebuch an, das dich durch die ganze Reise hindurch begleitet und in das du dann immer wieder hineinschauen kannst. Wenn dir Schreiben nicht so liegt, kannst du dir auch alle Übungen und Gedanken dazu auf Band sprechen. Du kannst Papier oder Tagebuch also jederzeit durch ein Diktiergerät ersetzen.
- **Ausklang der Übungen:** Bei allen Übungen ist es wichtig, sich genügend Zeit zu nehmen, sich einen ruhigen Raum zu suchen, indem man möglichst ungestört ist, und nicht sofort wieder zur Tagesordnung überzugehen. Am besten ist, sie ein wenig nachklingen zu lassen: durch Atemübungen, Meditationen, Yoga oder einen Spaziergang. Übrigens: Auch sich Zeit für sich selbst zu nehmen ist bereits eine wichtige Übung...

Oft sind emotionale Wunden tief in unserem Inneren verborgen, deshalb müssen wir ein bisschen graben und suchen. Doch wenn wir uns wirklich auf die Reise machen, bekommen wir auch rasch Ergebnisse. Das Leben will fließen, durch uns alle, darauf dürfen wir uns verlassen!

1. Akzeptieren, dass wir emotionale Wunden in uns tragen

Das Leben könnte so schön sein … Und doch fühlen wir uns oft wie erstarrt, versagen uns Glück, leiden unter körperlichen Schmerzen und haben ganz allgemein das Gefühl, schwer belastet zu sein. Weil wir es sind. Mit Lasten zumeist aus der Kindheit, die nicht mal unsere eigenen sein müssen.

Das verletzte Kind in uns

Emotionale Wunden können unser Leben unablässig beeinflussen wie eine emotionale Blutvergiftung. Oft sind sie sehr alt. Vielleicht liegt ihr Ursprung Jahre, vielleicht Jahrzehnte zurück, als wir noch Kind waren. Schon mit den ersten Schritten, die wir in diesem Leben tun, werden viele Weichen gestellt: Wie unsere Mutter sich während ihrer Schwangerschaft gefühlt hat, ob wir voller Freude oder vielleicht voller Angst erwartet wurden. Und ob wir dann mit Freude oder Angst oder vielleicht sogar Verzweiflung in Empfang genommen wurden.

Alte Wunden sind gefährlich. Wir gewöhnen uns an den Schmerz, humpeln oder hinken, lernen, damit zu leben. Aber wenn wir sie nie behandeln, führen sie zu einer Blutvergiftung.

Diese emotionalen Altlasten mögen weit zurückliegen und die berechtigte Frage aufwerfen, was sie eigentlich mit unserem Erwachsenenleben zu tun haben. Wieso sie für uns als Erwachsene überhaupt noch eine Rolle spielen sollten. Ob es nicht viel richtiger und »normaler« wäre, sie hinter uns zu lassen und damit abzuschließen, was uns in den ersten Jahren unseres Lebens zugestoßen ist. Aber warum haben wir das dann nicht schon längst getan?

Ganz einfach, weil wir es nicht besser wussten und weil sich frühe emotionale Wunden so hartnäckig bei uns einnisten. Sie gären unter der Oberfläche und bestimmen unser Denken, unsere Handlungsmuster und Automatismen, oft ohne dass wir das überhaupt wahrnehmen. Und oft genug verhindern sie, dass wir wirklich glücklich werden, und blockieren so die eigene Lebendigkeit.

UNGESTILLTE BEDÜRFNISSE

Wenn wir in diese Welt hineingeboren werden, sind wir alle davon abhängig, dass unsere Bezugspersonen, meistens die Mutter, uns genau so sieht und wahrnimmt, wie wir sind. Mit allen Bedürfnissen, die wir haben. Damit sie uns als Baby das geben kann, was wir wirklich brauchen. Damit nicht nur unsere körperlichen Bedürfnisse gestillt werden, sondern auch unsere emotionalen Bedürfnisse nach Liebe, Geborgenheit, nach Trost und Sicherheit. Auch wenn wir erwachsen sind, bleibt diese innere Bedürftigkeit bestehen. Das darf so sein. Diese bedürftigen Anteile nennt man das »Innere Kind«. Und dieses innere Kind darf emotional abhängig bleiben.

Wenn wir gelernt haben, uns gut um uns selbst zu kümmern, die eigenen grundlegenden emotionalen Bedürfnisse anzuerkennen und sie uns selbst zu erfüllen, dann sind wir im Erwachsenenleben relativ unabhängig und frei. In Kapitel 3 über die inneren Anteile kommen wir darauf noch ausführlich zurück.

Weil sich niemand um unsere Verletzung gekümmert hat, sind auch die im Moment der Verletzung entstandenen Bedürfnisse noch immer ungestillt – und bestimmen noch heute die Entscheidungen, die wir treffen.

Doch damit als Kind wenigstens einige der Grundbedürfnisse erfüllt wurden, haben die meisten Menschen nur gelernt, sich dem anzupassen, was die Eltern wollten. Und dieses Verhalten zeigen sie auch heute noch. Jedes Mal also, wenn wir ein emotionales Bedürfnis unterdrücken, erinnert sich das Gehirn an die nicht erfüllten Bedürfnisse der Kindheit. Und an die damit verbundene Angst. Denn als Kind war es lebensgefährlich, nicht wahrgenommen zu werden, weil man so abhängig war. Die Angst und die Erfahrung von Mangel sitzen tief, beeinflussen unsere Entscheidungen auch heute noch und entwickeln sich nur allzu leicht zu einer Sucht nach mehr.

WAS UNS IM MOMENT DER VERLETZUNG GEFEHLT HAT:

- Schutz und Trost, eine Umarmung
- Eine Versicherung, nie wieder auf diese Weise verletzt zu werden
- Gehört und gesehen zu werden
- Die eigene Wut äußern zu können
- Die Bestätigung, dass das Verhalten des anderen nicht in Ordnung war
- Die Versicherung, dass man selbst nichts dafürkonnte und in Ordnung ist
- Die Bitte um Vergebung
- Das Bedürfnis nach Genugtuung

Notiere ganz spontan: Welches innere Bedürfnis könnte noch ungestillt sein?

Das Bedürfnis nach ....

VERLETZTE GEFÜHLE

Könnte man altes Unrecht nicht einfach gut sein lassen und abhaken? Wie kommt es, dass man die alten Geschichten immer wieder durchkaut, im Gespräch mit anderen oder im eigenen Kopf? Das lässt sich einfach erklären: Es gibt im Menschen einen angeborenen Gerechtigkeitssinn. Einen inneren Kompass, der für emotionale Harmonie und Ausgewogenheit sorgt. Schon Kinder spüren, wenn sie ungerecht behandelt werden. Genauso wissen wir, wenn wir selbst anderen etwas schuldig geblieben sind. Egal, ob wir es wahrhaben wollen oder nicht: Es entsteht ein inneres Ungleichgewicht, wenn Dinge ungesagt bleiben, Entschuldigungen nicht ausgesprochen oder nicht angenommen werden. Und sosehr wir auch versuchen, uns die Dinge schönzureden und das Ungleichgewicht sogar vor uns selbst zu vertuschen, sosehr stresst es uns doch und verfolgt uns hartnäckig.

Solche Unstimmigkeiten entstehen, wenn andere uns verletzen. Sie entstehen, wenn unsere Gefühle abgetan werden. Wenn unser Gegenüber uns verbal oder nonverbal sagt: »Stell dich nicht so an.« »Du bist selbst schuld.« Oder: »Das siehst du falsch.« Oder: »Sei nicht so empfindlich.« Unsere Gefühle werden dadurch ignoriert und nicht wahrgenommen. Sehr wahrscheinlich fällt der Person nicht einmal auf, dass sie uns verletzt hat. Deshalb geht sie auch nicht darauf ein, redet einfach weiter, entschuldigt oder erklärt sich nicht. Wenn sie doch merkt, dass wir verletzt oder wütend sind, reagiert sie vielleicht mit Empörung und geht aus dem Zimmer. Oder sie beachtet uns einfach nicht mehr. Schweigt. Zieht sich zurück. Und verletzt uns damit immer wieder neu.

Und auch wir selbst fügen uns in solchen Momenten emotionale Schmerzen zu, wenn wir

> Die Person, die uns verletzt hat, ist mit Sicherheit früher auch verletzt worden. So reichen wir uns gegenseitig den Kelch der Verletzung immer weiter.

die Verletzung nicht wahrnehmen oder sie übergehen. Sie nicht fühlen, nicht weinen oder schreien. Womöglich tun wir das, weil wir nicht einmal erkannt haben, dass wir verletzt wurden. Deshalb wehren wir uns nicht, bestehen nicht auf dem eigenen Recht oder Standpunkt. Wir lassen die Gefühle nicht aus unserem Körper heraus und sie bleiben »stecken«.

In anderen Fällen haben wir die Verletzung durchaus gespürt, gestehen uns aber nicht zu, uns verletzt zu fühlen, tun die eigenen Gefühle vielleicht sogar als »albern« ab. Wir verschweigen unsere Verletzung. Aus Angst. Aus Höflichkeit. Aus Scham.

Aus Unsicherheit. Weil wir nicht so empfindlich sein wollen. Weil die eigenen Gefühle nicht in die Situation passen. Weil wir sie für unangemessen halten. Weil Männer nicht weinen. Weil Frauen nicht wütend sind. Weil wir nicht als schwach gelten wollen.

Emotionale Wunden zeigen sich zum Beispiel durch:

- Das Gefühl, in einigen Lebensbereichen auf der Stelle zu treten
- Eine unbestimmte Traurigkeit, Taubheit und Einsamkeit
- Das Entwickeln von Süchten
- Scheinbar grundlose Herzschmerzen oder Schwindel
- Das Vermeiden bestimmter Situationen, um keinesfalls die Kontrolle über die eigenen Gefühle zu verlieren
- Selbstaufopferung gegenüber anderen
- Niemanden enttäuschen zu können, ohne dass Angst oder Schuldgefühle auftauchen
- Den Versuch, nach außen hin mehr oder weniger zu sein, als man in Wahrheit ist
- Das Gefühl, das Leben nicht wirklich zu leben und keine echte Freude zu empfinden
- Das Gefühl von Fremdbestimmtheit
- Ein Gefühl der Leere, der Müdigkeit oder Abscheu und Abwehr als Reaktion auf bestimmte Themen
- Immer wieder abgebrochene Versuche, etwas Neues zu beginnen
- Das Vermeiden enger Beziehungen und einer echten Nähe, sowohl zu Menschen als auch zu Tieren
- Übertriebene Tapferkeit, man wird zum Einzelkämpfer, der eher riskiert zusammenzubrechen, als um Hilfe zu bitten
- Das Bestreben, das Verhalten und die Gefühle der Menschen um einen herum durch das eigene Verhalten zu kontrollieren

Auch wenn die meisten Menschen nicht all die aufgezählten Anzeichen mit sich herumtragen, treffen vielleicht einzelne Aspekte zu, gibt es einen Moment des Wiedererkennens oder Berührtseins. Dann darf man sich das auch glauben. Mit der folgenden Übung können wir etwas von dem Ballast, den wir mit uns herumschleppen, abwerfen und für mehr Leichtigkeit sorgen, genau dort, wo wir diese Leichtigkeit vielleicht gerade besonders brauchen …

ÜBUNG: BALLAST ABWERFEN

* *Suche dir während eines Spazierganges einen Stein. Er darf ruhig groß sein, deine inneren Belastungen fühlen sich sicher schwerer an, als ein kleiner Kieselstein symbolisieren würde. Nimm den Stein mit nach Hause, reinige ihn falls nötig.*
* *Nimm einen Filzschreiber oder Papier und Stift. Schreibe auf den Stein oder, wenn das nicht geht, auf das Papier: »Weg mit dem alten Schmerz!«*
* *Befestige das Papier an dem Stein, lege ihn in eine Tasche und trage diesen Stein mindestens einen halben Tag mit dir herum. Bei allem, was du tust. Das ist unbequem. Das soll es auch sein. Es schafft ein körperliches Bewusstsein dafür, dass du über Gebühr belastet bist. Du musst die Last bewusst spüren, damit du sie bewusst loslassen kannst.*
* *Nach frühestens einem halben Tag gehe bitte wieder in die Natur. Nimm den Stein in beide Hände. Stell dir vor, dass alles, was du an alten Gefühlen in dir trägst, in ihn hineinfließt. Du musst nicht wissen, welche Gefühle das sind.*
* *Wenn du meinst, dass alles, was du heute loslassen kannst, in den Stein geflossen ist, dann lege ihn einfach wieder zurück auf den Boden. Wohnst du an einem Gewässer, dann wirf den Stein da hinein. Löse gegebenenfalls das Papier und verbrenne es zu Hause (bitte achtsam!). Vertraue darauf, dass die Erde sich deiner Gefühle annimmt, sie zersetzt und auflöst.*

Unser innerer Eissee

Im schamanischen Weltbild werden Gefühle durch das Element Wasser symbolisiert. Stellen wir uns davon ausgehend einen See vor, er schimmert überirdisch schön, reflektiert das Licht. Schon der Anblick gibt Kraft. Die Oberfläche ist spiegelglatt, solange sie nicht durch äußere Einflüsse in Bewegung gebracht wird. Aber auch nach dem stärksten Sturm beruhigt sich das Wasser wieder. Erlittene Kränkungen und Verletzungen sind wie Felsbrocken, die in diesen See hineingeworfen werden. Das Wasser gerät in Unruhe, schlägt Wellen in konzentrischen Kreisen – und wird wieder glatt, wenn man es lässt. Der Felsbrocken fügt sich nach und nach in die Unterwasserlandschaft ein, wird Teil davon, bietet Fischen und anderen Tieren Heimat und Schutz. Alles ist wieder gut.

Doch was macht das Gehirn mit dem erlittenen Schmerz, wenn es die Situation weder verarbeiten noch richtigstellen kann? Es verbannt ihn ins Unterbewusstsein. Und da bleibt er. Macht uns scheinbar grundlos wütend, traurig und schwach. Aber eben nur scheinbar grundlos, denn der Grund ist durchaus vorhanden. Wir haben ihn nur vergessen.

Wenn die Gefühle zu schmerzhaft sind und wir sie verdrängen müssen, gefriert der See der Emotionen schockartig. Er wird zu Eis, noch während das Wasser hohe Wellen schlägt. Zu- und Ablauf des Sees sind blitzschnell durch all das Eis blockiert. Die Felsbrocken können nicht auf den Grund sinken und nicht Teil der inneren Landschaft werden. Der See wird nie wieder glatt und friedlich. Er liegt in großen, erstarrten Wellen in unserem Inneren. Das sind unsere ungeheilten Wunden.

In unserem Inneren gibt es viele solcher Seen. Einige davon

sind bestimmt sehr gesund, gut vom Wasser der Lebendigkeit durchströmt, rein und klar. Denn das Leben selbst fließt, ist in ständiger Bewegung und Veränderung. Um aber einen inneren Eissee künstlich aufrecht und damit einen inneren Anteil in Starre zu halten, verbrauchen wir unbewusst viel Energie. Geradeso, als würden wir eine kostenintensive Eislaufbahn unterhalten. Und das im Hochsommer! Aber andernfalls würde unser Eissee ja auftauen. Wir würden sie auf einmal spüren, die schmerzlichen Gefühle, die wir – wenn auch aus gutem Grund – die ganze Zeit so sehr vermeiden wollten.

Dadurch fehlt uns zugleich die Kraft, die der See uns schenken würde, dürfte er sich bewegen und lebendig sein.

> *Gefühle fließen stetig, immer wieder neue, bemerkt oder unbemerkt, das ist ihre Natur.*

Das zufließende emotionale Wasser, das den See, wäre er nicht gefroren, einfach durchströmen und wieder ablaufen würde, überschwemmt nun die restliche innere Landschaft. Auch die Bereiche, in denen Gefühle nicht hilfreich sind und nichts zu suchen haben. Das normalerweise abfließende Wasser, das ja nun nicht mehr zur Verfügung steht, fehlt am unteren Ende des Sees. Dort verdorrt die innere Landschaft.

GLÜCKSMAGERSUCHT

Konkret heißt das: Wir werden überempfindlich. Es kann sogar passieren, dass wir den Boden unter den Füßen verlieren, zum Beispiel nach einem beruflichen Misserfolg. Wir fühlen uns dem Leben nicht mehr gewachsen. Wir werden handlungsunfähig in Situationen, in denen wir einen stabilen inneren Halt bräuchten, wie bei einer Bewerbung um eine neue Arbeitsstelle. Wir fühlen uns überfordert, echte Verantwortung für unsere Angelegenheiten zu tragen und das umzusetzen, was wir wirklich wollen. In anderen Lebensbereichen verdorren wir förmlich: Legen uns kein Haustier zu, obwohl wir eins möchten, versagen uns Genuss oder Sex, erlauben uns zu wenig Freude und bremsen unsere Lebenslust. »Glücksmagersüchtig« könnte man das nennen. Wir haben verlernt oder uns gar abtrainiert, den inneren Glücksimpulsen zu folgen. »Ich werde niemals glücklich sein, sonst hat der andere gewonnen«, entscheidet jemand, der an erlittenem Unrecht festhält. »Ich habe es nicht verdient, glücklich zu sein«, denken Menschen, nachdem sie schwer verletzt und enttäuscht worden sind, als hätten sie diesen Schmerz selbst verursacht, ja wären gar selbst schuld an ihrem Unglück. Das klingt zunächst unlogisch. Doch viele Menschen, besonders Kinder, geben damit dem Schmerz eine Art von Sinn. Und das ist auch gut so. Es ist hilfreich, dem Schmerz Sinn zu verleihen, in Frieden mit dem zu kommen, was war, die eigene Verantwortlichkeit anzuerkennen, falls man selbst zum Unglück beigetragen hat, und sich selbst, den beteiligten Menschen, ja sogar dem Leben oder Gott zu vergeben. Hilfreich und gleichzeitig nicht immer möglich. Und sicher nicht leicht.

> *Es ist hilfreich, dem Schmerz Sinn zu verleihen und in Frieden mit dem zu kommen, was war.*

Wegen alter Verletzungen werden Familienfehden und Weltkriege inszeniert, Eltern verstoßen ihre Kinder, Kinder meiden den Kontakt zu den Eltern. Menschen bleiben einsam, weil sie erlittene Verluste nie überwanden, Menschen halten an unglücklichen Beziehungen fest, klammern sich an vermeintliche Sicherheiten. Wegen alter Verletzungen versagen sich Menschen Glück und Erfüllung, leben in einer Art emotionalen Magersucht statt in Freude. »Ich bekomme sowieso nie, was ich mir wünsche, also wünsche ich mir erst gar nichts«, könnte eine Entscheidung sein, die jemand trifft, der oft genug enttäuscht wurde. Statt dass die alten Wunden heilen, verursachen sie immer neuen Schmerz.

Menschen mit emotionalen Wunden gestalten ihr Leben auf der Basis von Vermeidung statt von Offenheit. Sie vermeiden es, Verantwortung für ihre Herzensprojekte zu übernehmen und sich damit der Welt zu zeigen. Sie sind vielleicht dennoch sehr erfolgreich, aber nicht in dem, was sie wirklich berührt und erfüllt. Selbst eine glänzende Karriere kann unglücklich machen, wenn die Herzenskarriere eigentlich anders ausgesehen hätte und man zum Beispiel viel lieber Musiker oder Maler geworden wäre statt Schauspieler. Bei kleinen und großen Projekten steht uns viel zu oft der innere Kritiker im Weg, und das in Gestalt von negativen Gedanken, die sich erstaunlich logisch anhören. Um nicht mehr von den eigenen Vermeidungsstrategien gesteuert zu werden und im Alltag handlungsfähiger zu sein, müssen wir den Mut finden, uns selbst und unseren emotionalen Wunden ins Gesicht zu schauen, auch wenn es wehtun könnte, auch wenn es wehtun wird. Wir müssen zu mehr Selbsterkenntnis gelangen und uns unabhängig von den Meinungen anderer machen. Wir müssen für uns selbst der oder die beste Verbündete werden und liebevoller und bewusster mit uns selbst umgehen. Das gelingt natürlich nicht, indem man einfach einen Schalter umlegt und unter einem Wasserfall alles abspült. Das wäre auch nicht hilfreich und würde uns überfordern. Verletzungen und schwierige Erfahrungen sind vielschichtig und haben viele Facetten. Deshalb brauchen wir einen Weg der kleinen Schritte. Und mit jedem Schritt können wir glücklicher werden und entspannter. Mit jedem Schritt verlieren wir ein Stück unserer Angst.

> *Wenn Schmerz und Enttäuschung zu Hoffnungslosigkeit geführt haben, will auch das Glücklichsein wieder geübt werden.*

Wir können das Eis zum Schmelzen bringen, ohne dass das Seewasser lawinenartig alles mit sich fortreißt und unsere innere Landschaft überspült. In einem ersten Schritt müssen wir in Kontakt mit unserem Eissee kommen, das heißt in Kontakt mit uns selbst. Auch dabei helfen innere Bilder. Erlaube dir dabei, dir zu vertrauen. Glaube, was du wahrnimmst. Machen wir uns auf die erste kleine Reise ...

ÜBUNG: EINE INNERE REISE ZUM EISSEE

* Lies dir den Text für diese Übung einmal durch und folge dann in der nachfolgenden Gedankenreise deinen eigenen Bildern. Wenn du stärker geführt werden möchtest, kannst du dir diese Reise auch auf ein Diktiergerät sprechen oder sie dir vorlesen lassen.
* Suche dir einen ruhigen Ort, an dem du für einige Minuten ungestört sein kannst. Setze oder lege dich bequem hin. Schließe deine Augen und vertiefe dich in die inneren Bilder.
* Vor deinem inneren Auge erscheint jetzt einer der zugefrorenen Seen. Du erkennst, dass rings um den See herum Sperrgebiet ist, du siehst Stacheldraht und Zäune. Doch ein kleines Tor steht offen und durch das kannst du hindurchgehen. Du gehst auf den erstarrten See zu. Er darf dich beeindrucken, doch du gehst weiter. Fasziniert schaust du auf die hoch aufgetürmten, erstarrten Wellen. Das darf so sein. Du weißt, dass du unbedingt erkennen willst, was mit diesem See passiert ist, und bleibst am Ufer stehen.
* In der Mitte des Sees entdeckst du auf einmal einen halb versunkenen Felsbrocken, wie ein Meteorit steckt er im Eis und hat all diese Wellen verursacht. Der See ist zu aufgewühlt, um zu diesem Felsen zu gelangen, doch du hast ihn gut im Blick.
* Du gehst noch ein Stückchen näher ans Ufer. Knie dich nieder und berühre das Eis. Lege deine Handflächen auf das Eis. Auf einmal bist du verbunden mit diesem See. Bitte ihn, dir zu erzählen, was passiert ist. Die Informationen sind im Wasser gespeichert, der See weiß genau, was zu seinem Erstarren geführt hat. Während du die Hände flach auf das Eis legst, steigen auf einmal Bilder, Erinnerungen, vielleicht eine konkrete Situation oder Ahnungen in dir hoch. Glaube dir. Erlaube dir, das zu fühlen, was du damals nicht fühlen konntest, weil es zu übermächtig war. Auch wenn du nur Bruchstücke wahrnimmst, bleibe im Kontakt mit dem See. Während du fühlst, was es im Moment zu fühlen gibt,

während du dich erinnerst, während die Erkenntnisse kommen, verändert sich das Eis. Es knirscht an einigen Stellen, vielleicht schmilzt es auf einmal und der Felsbrocken kann auf den Grund sinken. Vielleicht verändert es sich nur ein wenig.

❈ *Erlaube, dass es ist, wie es ist. Alles braucht seine Zeit. Vertraue dem Prozess. Lass deine Hände so lange auf dem Eis, bis du das Gefühl hast, du hast alles gesehen und gespürt, was es im Moment zu erleben gibt, oder bis du spürst, für heute reicht es dir.*

❈ *Löse dann deine Hände vom Eis oder, falls der See geschmolzen ist, vom Wasser. Schau dich um. Du erkennst: Das Gebiet rings um den See hat sich verändert. Es ist kein Sperrgebiet mehr. Ab sofort hast du freien Zugang zu diesem See. Du kannst für neue Erkenntnisse jederzeit wiederkommen.*

❈ *Bleibe noch ein wenig am See. Gib dir Raum für das, was noch gesehen, gespürt und erkannt werden will. Vielleicht willst du in Gedanken um ihn herumspazieren, vielleicht einfach noch ein wenig verweilen. Wenn es genug ist, verschwinden die inneren Bilder von ganz allein.*

❈ *Lass die Übung ausklingen und nimm dir Zeit aufzuschreiben, was du erlebt hast.*

Es kann sein, dass sich gleich Erleichterung einstellt, doch manchmal braucht es auch eine Weile, bis sie innerlich spürbar wird. Das macht nichts. Wenn du dranbleibst und dich weiter um dich selbst kümmerst, werden die Ergebnisse nicht ausbleiben. Durch das Aufschreiben wird dir vieles bewusst werden und damit verändert sich zunächst noch unmerklich, doch bald immer stärker spürbar deine Sichtweise auf dich und dein Leben. Irgendwann wirst du feststellen, dass du auf einmal anders handelst, als du das von dir gewöhnt bist. Oder dass du plötzlich besser für dich sorgen kannst und genauer weißt, was du willst und nicht willst. Dann wäre das schon ein riesengroßer Schritt nach vorn.

Jeder kann in Frieden kommen, wenn er den Schmerz über das, was er erlebt oder verursacht hat, zu fühlen bereit ist und sich entscheidet, dem Leben eine neue Chance zu geben. Es ist nie zu spät dafür, ein Leben in innerer Freiheit zu leben, wenn man sich erlaubt, die eigene Vergangenheit zu verarbeiten, sich jene Erkenntnisse herauszuziehen, die man gewonnen hat, und es dann gut sein zu lassen. Wie gesagt: Glück kann man trainieren.

Für Menschen, die unter einer Depression leiden, gilt das nicht uneingeschränkt. Ich will keine billigen Glücksrezepte verkaufen. Eine Depression braucht eine Behandlung.

ANGST VOR DEM EIGENEN GLÜCK

Aber Glück ist nicht nur ein Quell reiner Freude. Die Möglichkeit, erfolgreich in dem zu sein, was wir uns erträumen, kann auch Angst machen. Starke Gefühle zu erleben kann Angst machen. Selbst wenn es positive sind. Viele Menschen vermeiden es deshalb, ihren eigenen Erfolg, ihre eigene Stärke, ja sogar ihr Glück zu erleben. Und nicht nur, wie man meinen könnte, weil sie befürchten, all das wieder zu verlieren. Sie fürchten sich vor den positiven Gefühlen selbst. Denn nicht nur Schmerzliches, sondern auch Glück kann überwältigen. Und überwältigt zu sein birgt die Gefahr, den Kontakt zu sich selbst zu verlieren.

Auch ein großes Glück ist wie ein Felsbrocken, der in den stillen See der Emotionen hineingeworfen wird. Auch großes Glück schlägt große Wellen. Wenn man nicht gewöhnt ist, einigermaßen gelassen bei sich zu bleiben, egal, welche Emotionen man gerade hat, dann ist die Sorge berechtigt, vor lauter Überwältigung den Zugang zu sich selbst zu verlieren. Es wäre ja denkbar, völlig unkontrolliert in einen Strudel von Ereignissen und Emotionen zu geraten. »Aber die Kontrolle zu verlieren ist gefährlich«, meldet sich ein tief verwurzelter negativer

Glaubenssatz. Das ist vor dem Hintergrund der Erfahrungen mit schmerzhaften Verletzungen, mit Scheitern, Scham und Kränkungen durchaus verständlich. Aber hilfreich ist dieser Glaubenssatz nicht. Er hindert uns daran, dem Leben zu vertrauen und uns darauf zu verlassen, dass uns das Leben zu etwas Gutem führt.

Ein bisschen Kontrollverlust belebt. Dass Menschen hin und wieder gern die Kontrolle verlieren und sich hingeben, sieht man schon alleine daran, dass viele den Nervenkitzel suchen und potenziell gefährliche Dinge tun wie Bungee-Jumping oder Fallschirmspringen. Schon eine wilde Fahrt mit der Achterbahn sorgt dafür, dass jede Menge Adrenalin ausgeschüttet wird. Doch wenn der Kontrollverlust zu stark wird, macht uns das Angst, selbst wenn es auf positive Weise geschieht. Es ist die Angst vor der eigenen Courage, die Angst, dass wir die Erwartungen der anderen nicht erfüllen können und uns auf etwas eingelassen haben, das uns überfordern wird – sei es im Beruf oder in einer Beziehung. Also regelt das Gehirn sicherheitshalber auch das Glück herunter.

Viele Menschen halten auch ihren Glückspegel in einer möglichst gemäßigten Zone. Nicht nur den Schmerz und die Angst. Denn auch Glück kann Stress bedeuten.

Je besser wir mit uns selbst in Kontakt bleiben, egal, welche Wogen über uns zusammenschlagen, desto mehr können wir im Leben wagen. Wie gut wir bei uns bleiben können, hängt davon ab, wie bewusst wir den Schulterschluss mit uns selbst suchen.

Wann immer wir die Sorge haben, die Kontrolle und den Kontakt zu uns selbst zu verlieren, helfen die nachfolgenden Kraftgedanken. Lies dir alle Sätze laut vor und suche dir den aus, mit dem du dich am wohlsten fühlst. Nutze diesen Satz, indem du ihn dir immer wieder vorsagst. Du kannst dir den Gedanken auch auf einen Klebezettel schreiben und diesen an einer markanten Stelle anbringen, sodass du immer wieder daran erinnert wirst.

KRAFTGEDANKEN FÜR MEHR URVERTRAUEN

- Das Leben ist auf meiner Seite.
- Ich kann dem, was ich weiß, vertrauen und entsprechend handeln.
- Ich habe alles, was ich brauche, um mein Leben zu meistern, bereits in mir.
- Ich vertraue mich dem Leben und dem Unbekannten an.
- Ich kann meine Gefühle spüren und bleibe dabei in Sicherheit.
- Ich kann meinem Herzen folgen, selbst wenn ich dabei Angst verspüre.

Selbstzweifel

Auch nagende Selbstzweifel sind ein Hinweis auf eine alte, noch immer schmerzende Wunde. Sie entstehen oft in frühester Kindheit aus den Erfahrungen, die wir bei all den Dingen machen, die wir als Kind neu lernen. Wenn ein Kind laufen lernt, fällt es immer wieder auf seinen windelgepolsterten Po, macht aber so lange beharrlich weiter, bis es laufen kann. In dieser Lebensphase ist etwas nicht zu können völlig normal. Es sei denn, das kindliche Scheitern verursacht eine für das Kind bedrohliche Situation: Beschämung und den Verlust von Liebe.

Wie unsere Eltern auf unser Scheitern reagieren, hat großen Einfluss auf unser Selbstwertgefühl und unseren Umgang mit Fehlern, Scham und Schuld. Nehmen wir mal an, wir sind gemeinsam mit unseren Eltern auf einem Spielplatz und wollen auf einen Baum klettern, schaffen das aber nicht. Wenn uns Vater oder Mutter in dieser Situation dafür loben, dass wir mutig genug waren, den Versuch zu wagen, fühlen wir uns in Sicherheit. Wenn sie uns trösten und uns ermutigen, spüren wir ihre Liebe und Wertschätzung, die nicht davon abhängt, ob wir es nun auf den Baum geschafft haben oder nicht. Wir werden also keine Selbstzweifel entwickeln, sondern es vielleicht noch einmal versuchen und uns auch neuen Herausforderungen stellen. Denn was wir aus dieser Situation gelernt haben, ist: Die Goldmedaille bekommt man im wahren Leben für den Mut, ins Tun zu kommen. Nicht für den Erfolg.

> *Die Gefahr des Scheiterns ist nicht das Problem. Sondern die Gefahr, durch das Scheitern beschämt, ausgeschlossen und einsam zu sein.*

Ganz anders sähe die Sache aus, wenn unsere Eltern enttäuscht wären, uns antreiben, kritisieren oder sogar verspotten würden. Wenn vielleicht andere Kinder auf dem Spielplatz uns auslachen. Dann würde sich unser Unvermögen, auf diesen Baum zu klettern, mit Scham koppeln, mit der Erfahrung von Liebesverlust und dem Gefühl, weniger wert zu sein als andere. Wir würden uns schämen und Angst bekommen, nicht mehr geliebt zu werden. Sehr nachvollziehbar, dass sich unser inneres Kind von nun an davor schützen will, so etwas noch einmal zu erleben. Aus dieser Erfahrung heraus werden wir unbewusst immer vermeiden, uns einer vergleichbaren Situation auszusetzen. Selbst wenn wir es auf bewusster Ebene wollen und versuchen. In unserem Gehirn hat sich der Fehlschlag mit einer tatsächlich erlebten Beschämung und dem (zumindest gefühlten) Liebesverlust verknüpft.

Um das Gefühl von Scham und Liebesverlust zu vermeiden, entscheidet unser Unterbewusstsein, sich auf nichts mehr einzulassen, von dem es nicht sicher sein kann, dass wir es auch schaffen.

Also meldet sich in solchen Fällen unsere innere Stimme mit ihren Selbstzweifeln: »Das kannst du nicht«, »Das schaffst du nie!«, »Das hast du doch schon versucht und bist gescheitert«, »Bevor du dir das zutrauen kannst, musst du aber noch viel lernen« oder »Es gibt so viele andere, die das besser können«. Wie oft haben wir uns schon von solchen inneren Stimmen ausbremsen lassen? Wir haben uns den Elan und die Kraft für ein Wagnis rauben lassen und sind stattdessen in unserer Komfortzone geblieben, die uns zwar keine Abenteuer bietet, aber auch keine Gefahren zumutet.

Damit sind wir keineswegs allein. Selbstzweifel sind normal. Jeder kennt sie, auch wenn man sie anderen nicht ansehen kann. Nicht jeder, den Selbstzweifel plagen, schleicht mit gesenktem Haupt durch die Straßen. Aber Selbstzweifel gibt es – in jeder Preisklasse und auf jedem Erfolgsniveau. Jemand anderes mag beeindruckend erfolgreich, glücklich oder mutig auf uns wirken, aber manchmal ist das auch nur ein Indiz dafür, dass sich dieser Jemand angestrengt von seinem eigenen Wert zu überzeugen versucht.

Sicherlich sind Misserfolge schwer zu verkraften. Scheitern an unlösbaren Aufgaben kann sogar dramatische und weitreichende Folgen haben. Auch dadurch bilden sich in unserem Inneren zugefrorene Seen. Sie gefrieren nicht schockartig, sondern unmerklich. Immer ein Stück mehr. Und schließlich wundern wir uns, warum uns auf einmal der Mut fehlt. Aber nicht das Scheitern selbst ist die Gefahr, sondern die Scham. Sie bringt uns dazu, bei entsprechenden Gelegenheiten, immer die Entscheidung zu treffen, die uns Sicherheit vermittelt – die aber auch Entwicklung und Freude verhindert. Das geschieht besonders auf der Ebene von Beziehungen, denn da ist die Angst vor dem Scheitern am größten. Genauso groß oder noch größer ist jedoch auch die Sehnsucht nach Geborgenheit und Liebe. Sie kann so überwältigend sein, dass wir sie lieber unterdrücken. Das ist die schlechte Lösung: Verdrängen statt zu verarbeiten.

Der Unterschied zwischen einem Menschen, der ein glückliches Leben führt, und einem, der sich von der ewigen Frage »Bin ich gut genug?« lähmen lässt, ist dieser: Der glückliche Mensch lässt sich von Selbstzweifeln nicht lange aufhalten. Er nimmt seine Projekte dennoch in Angriff.

Die gute Lösung wäre auch hier, die alte Wunde anzuerkennen und zu versorgen. Fehler zu machen, zu scheitern und einzusehen, dass wir in bestimmten Dingen nicht besonders begabt sind, gehört zum Leben einfach dazu. Sich einzugestehen, dass wir manches nicht oder nicht gut können, ist nicht angenehm, aber das kann unsere Psyche aushalten. Wir wissen ja um unsere Begabungen in anderen Bereichen und dass wir aus Fehlern lernen können. Wir sollten also Wichtiges nicht vor uns herschieben und unsere Wünsche und Träume lieber heute als morgen in Pläne und Taten umsetzen.

Situationen, in denen wir Zweifel haben oder fehlendes Zutrauen, können wir genau unter die Lupe nehmen und uns so mit unseren Befürchtungen auseinandersetzen. Wir können uns Klarheit darüber verschaffen, warum wir lieber an uns selbst zweifeln, statt das Risiko einzugehen, einen Fehler zu machen.

ÜBUNG: DAS RISIKO EINSCHÄTZEN

Nimm dir dein Tagebuch oder ein Blatt Papier. Versetze dich in Gedanken in eine Situation, die du befürchtest, weil sie eine Herausforderung birgt. Sie kann klein sein oder groß, der Gang zum nächsten Arzt oder ein revolutionäres Geschäftsmodell.

Stelle dir selbst die folgenden Fragen:
- *Bin ich stark genug, ein Scheitern durchzustehen?*
  Wenn nein: Was könnte passieren?
- *Kann ich es mir leisten, das Risiko einzugehen, auch wenn meine Familie und Freunde sich über mich wundern?*
  Wenn nein: Was befürchte ich?
- *Halte ich es aus, dass sich Menschen eventuell von mir abwenden?*
  Wenn nein: Wessen Anerkennung brauche ich am meisten? Warum? Würde ich diesen Menschen verlieren, wenn ich scheitere? Und will ich wirklich einem Menschen so viel Macht über mich geben, einem Menschen, der mich verlässt, wenn ich ihn wirklich brauche?
- *Halte ich es aus, dass ich mich vielleicht gar selbst von mir abwende, wenn ich meine Ziele nicht erreiche?*
  Wenn nein: Genau darum geht es. Denn sich selbst zu verlieren ist das Schlechteste, was einem passieren kann.

Die Antworten eines nicht an sich zweifelnden Menschen auf diese Fragen wären ganz einfach: Ein klares Ja auf die ersten drei Fragen, ein klares Nein auf die letzte Frage.

Wenn eine Idee es in uns kribbeln lässt, wenn wir Freude spüren (auch dann, wenn wir Angst haben), wenn wir tief in uns wissen, dass eine Unternehmung unser Leben bereichern würde, dann sollten wir uns nicht entmutigen lassen – nicht von Selbstzweifeln, nicht von der Erfahrung des Scheiterns, nicht von Fehlern, die wir in der Vergangenheit gemacht haben. Wir müssen anerkennen, dass wir in manchen Situationen einfach keine Chance haben und hatten, und diese Situationen hinter uns lassen. Und wir müssen uns immer wieder bewusst machen, dass Fehler und Versagen Teil unseres Lern- und Wachstumsprozesses sind. Sie sagen nichts über unsere Qualität als Mensch, Partner, Tochter, Sohn, Vater oder Mutter aus. Aber sie können uns stärker machen und uns dazu befähigen, jeden noch so hohen Baum zu erklimmen.

Die Lasten anderer

Wie schon eingangs erwähnt, tragen wir nicht nur die emotionalen Wunden mit uns herum, die uns selbst zugefügt worden sind, sondern bewusst oder unbewusst oft auch die Themen unserer Familie. Es kann also sein, dass sich durch körperliches Unwohlsein eine Wunde zeigt, die so alt ist, dass wir denjenigen, zu dem sie gehört, nicht einmal kannten. Das ist so, weil sich traumatische Erlebnisse – wie wir aus der Gehirnforschung wissen – vererben. Sie werden von Generation zu Generation weitergereicht, inklusive der dazugehörigen Gefühle und Lebensentscheidungen. Unsere inneren Anteile werden also auch von den Themen unserer Vorfahren beeinflusst. Das ist nicht weiter tragisch, wenn in der Familie darüber geredet wird. Emotionale Belastungen finden einfach statt, durch Krankheiten, durch Unfälle, durch Trennungen und so weiter. Doch wenn sie ungesehen bleiben und stillschweigend übergangen werden, nehmen Kinder diese emotionalen Belastungen als Ungleichgewicht wahr und versuchen, sie zu lindern. Dann tun sie alles, um »brav zu sein«: Sie funktionieren gut, zu Hause wie in der Schule, und vermeiden angstvoll alles, was die emotionale Atmosphäre womöglich belasten würde. Sie zeigen das Angstmuster Erstarrung. Oder sie funktionieren gar nicht mehr, werden aggressiv, leben im Angstmuster Angriff. Sie flüchten zu Freunden, in eine Krankheit, in ihre eigene Welt der Musik, der Bücher, der Filme, der Computerspiele. Oder in die der Drogen und des Alkohols, je nachdem.

> *Eine fremde Last fühlt sich wie eine Bürde an, nicht wie eine Aufgabe, die wir meistern können.*

Wenn wir die emotionale Last eines anderen tragen, verursacht das dieselben Symptome, die wir gerade als Anzeichen von ungeheilten emotionalen Wunden kennengelernt haben. Daraus wird eine Bürde, die wir mit uns herumtragen und die uns Kraft kostet. Auch gesunde Herausforderungen kosten Kraft, aber sie bergen gleichzeitig die Chance auf inneres Wachstum und zunehmendes Selbstvertrauen. Eine Bürde, die wir für andere tragen, geht hingegen einher mit Hoffnungslosigkeit und dem Gefühl, dem Schmerz und der Ohnmacht ausgeliefert zu sein.

Ob wir solche Bürden für andere tragen oder nicht, können wir nicht immer genau wissen. Das müssen wir aber auch nicht. Denn es spielt keine Rolle, ob es eigene alte Wunden sind oder die Lasten anderer: Die Heilungsprozesse sind die gleichen. Wir werden in diesem Buch lernen, uns sowohl von fremden Bürden als auch von eigenen emotionalen Altlasten zu befreien und uns keine neuen Lasten mehr aufzuerlegen.

Mit der nächsten Übung, einer inneren Reise durch den Körper, kommen wir den im Körper gespeicherten Verletzungen auf die Spur und versuchen, sie zu lösen. Dieses Werkzeug der Lichtkugel kannst du immer dann nutzen, wenn du dich innerlich schwer fühlst oder auch als tägliche innere Reinigung, zum Beispiel während des Zähneputzens. Nach und nach reinigen wir uns so von alten Verletzungen und werden leichter.

ÜBUNG: LICHT IN DEN KÖRPER BRINGEN

- *Setze oder lege dich entspannt hin.*
- *Stell dir vor, du liegst am schönsten Ort, den du dir nur wünschen kannst. Du fühlst dich sicher, wohl und geborgen. Über dir erscheint eine goldene oder silberne Lichtkugel, so strahlend, als würde sich das Sonnen- oder Mondlicht zu einem Lichtball formen. Mit beiden Händen greifst du in Gedanken nach dieser Lichtkugel und ziehst sie zu dir herunter.*

* *Bringe sie auf die Höhe deines Herzens. Mit beiden Händen drückst du diese Lichtkugel in deinen Körper hinein. Augenblicklich spürst du ihre Wärme und ihre Kraft.*
* *Die Lichtkugel dehnt sich in deinem Körper aus, verbreitet überall ihren goldenen oder silbernen Schimmer, füllt deinen ganzen Körper aus. Jetzt kannst du vielleicht deutlich die Stellen spüren, an denen du Lasten trägst. Vielleicht siehst du Schatten vor deinem inneren Auge, vielleicht spürst du einen Schmerz oder einen Druck.*
* *Sieh zu, wie die Lichtkugel zu den verschatteten Stellen deines Körpers wandert, wie sie ihr heilsames Licht abgibt und die alten Wunden nach und nach in Frieden bringt.*
* *Bleibe noch ein bisschen liegen, vertraue darauf, dass du für heute alles getan hast, was es zu tun gab.*
* *Komme dann in deinem Tempo zurück in den Raum, in dem du dich befindest. Recke und strecke dich ein wenig.*

2. Erkennen, wie sich unsere emotionalen Wunden zeigen

Verleugnung, Selbstabspaltung, Angst und körperliche Beschwerden – ungeheilte Wunden zeigen sich in vielen Kostümen und verdunkeln unseren Himmel, der eigentlich strahlend schön sein könnte.

Offene Rechnungen

Menschen sind soziale Wesen. Sicherheit entsteht, wenn wir wissen, wir werden gesehen und gehört. Was wir denken, fühlen und brauchen, ist für andere wichtig. Wir selbst sind für andere wichtig. Wir spüren Dazugehörigkeit und damit Sicherheit. Aber wenn sich niemand dafür interessiert, was wir uns wünschen, was wir brauchen und zu sagen haben, hören wir selbst auch auf, bei uns nachzufragen. Wir konzentrieren uns darauf, Leistung zu erbringen, zu funktionieren und den Anforderungen von außen zu gehorchen. Wir nehmen uns selbst nicht mehr wahr. Dabei bestimmen die eigenen Gefühle den Wert unseres Lebens. Wenn wir sie nicht kennen oder verdrängen, dann leben wir nicht oder nur auf Sparflamme. Das ist sehr traurig, aber auch sehr wahr. Was wäre das für eine Verschwendung!

Unerfüllte emotionale Bedürfnisse sammeln sich an wie offene Rechnungen, die ein Mensch mit dem Leben hat.

Es ist, als hätten wir im Keller unseres Hauses Akten ungeklärter Kriminalfälle oder einen Stapel offener Rechnungen liegen. Wir können die Tür verschließen, das Licht ausschalten, vielleicht sogar den Zugang zum Keller zuschütten. Doch die offenen Rechnungen, die ungeklärten Fälle sind immer noch da. Und das wissen wir auch. Zechprellen gilt nicht! Unsere Stresshormonproduktion bleibt aktiv. Das Leben fordert Ausgleich, bei allen, bei dir, bei mir, in der Natur. Wenn das Leben nicht harmonisch läuft, bleiben Rechnungen offen, die es zu begleichen gilt. Am besten freiwillig. Ansonsten begleicht sie das Leben mit uns. Und das dann zumeist unfreiwillig und zum unpassendsten Zeitpunkt.

Konnten die Eltern unsere Bedürfnisse nicht erfüllen (und das konnten sie wirklich nicht, sonst hätten sie es getan), dann wird jedes erneut nicht gestillte Bedürfnis im Leben zu einem weiteren Posten auf der sowieso offenen Rechnung. Das folgende Beispiel verdeutlicht, wie unbeabsichtigt solche offenen Rechnungen entstehen können:

YANNIK VERMISST SEINE MUTTER
Yannik ist als Kind viel herumgereicht worden. Seine alleinerziehende Mutter musste den ganzen Tag arbeiten, und so war er fast immer bei einer Tagesmutter, bei den Großeltern oder einer guten Freundin seiner Mutter untergebracht. Alle versorgten ihn gut, doch die Bindung zu seiner Mutter kam für den kleinen Yannik zu kurz. Er lebte in ständiger Sehnsucht nach ihr und hoffte immer, dass sie endlich Zeit für ihn haben würde. Yanniks Mutter hatte nicht absichtlich keine Zeit, sie war damit beschäftigt, die kleine Familie zu versorgen. Yannik war zu klein, um zu verstehen, dass die Mutter ihn liebte und gerade deshalb so viel arbeiten ging. Daran änderte auch nichts, dass sie ihm das immer wieder sagte. Denn Yannik sehnte sich nach Umarmungen, nach Kontakt. Er wollte einfach bei seiner Mutter sein und fühlte sich oft einsam. Dass sein Großvater eine enge Bezugsperson war und zum Beispiel mit ihm Fußball spielte, war großartig und sorgte später für wunderschöne Erinnerungen. Aber das änderte wenig an Yanniks Gefühlen. Erkannte die Mutter die Einsamkeit ihres Sohnes? Nein. Die Schuldgefühle und ihr eigener Schmerz (auch sie vermisste ihr Kind sehr, wenn sie außer Haus war) hätten sie verrückt gemacht. Gerade weil sie keine Wahl hatte, als ihn bei anderen Menschen zu lassen, um zu arbeiten.

Zwischen Yannik und seiner Mutter sind also emotionale Rechnungen offen. Yannik hat unerfüllte Bedürfnisse. Und Yanniks Mutter auch. Sie hat in ihrer Überforderung versäumt, ihre eigenen Bedürfnisse zu erkennen. Sie hat ihr Kind mehr vermisst, als sie sich eingestand, aber keine andere Lösungsmöglichkeit gesehen. Sie hatte gute Gründe, so viel zu arbeiten und alles allein stemmen zu wollen. Sie wollte sich und ihrem Kind Auseinandersetzungen und Enttäuschungen ersparen, wollte sich selbst zeigen, dass sie erwachsen ist und für ihr Kind da sein kann.

Doch sie hatte auch ungute Gründe. Denn sie überging ihren eigenen Schmerz darüber, ihr Kind so wenig zu sehen. Hätte sie sich diesen Schmerz eingestanden, hätte sie vielleicht andere Entscheidungen getroffen. Sie hätte eventuelle Auseinandersetzungen mit Yanniks Vater in Kauf genommen und die Unterhaltszahlungen bei ihm eingeklagt, was sie nicht getan hat, um nicht bedürftig zu klingen. Sie hätte ihre Eltern um Hilfe bitten können, was sie nicht getan hat, um nicht von ihnen hören zu müssen, dass sie eine schlechte Partnerwahl getroffen hat. Falscher Stolz ist immer ein schlechter Ratgeber und Yanniks Mutter hat sich dadurch eine Chance verbaut, weniger arbeiten zu müssen und mehr Zeit für ihren Sohn zu haben.

> *Wenn unsere Eltern unsere Bedürfnisse nicht erfüllt haben, hatten sie dafür immer bewusste oder unbewusste Gründe und konnten nicht anders handeln. Weil sie es nicht besser wussten, weil sie selbst verletzt worden sind oder die Lasten anderer mit sich herumtrugen. Genau wie wir!*

War sich Yannik der Zwangslage seiner Mutter bewusst? Sicher nicht, dazu war er zu klein. Außerdem ist den Gefühlen egal, ob jemand etwas »dafürkann« oder nicht. Und als Kind war Yannik davon abhängig, dass seine Mutter die Verantwortung für ihr Muttersein übernimmt. Dass sie nicht auf der Grundlage alter Verletzungen und Angst vor erneuter Verletzung entscheidet, sondern die Bedürfnisse beider, ihre eigenen und die ihres Sohnes, im Blick hat.

Das hat sie nicht geschafft. Und so gehört das Versäumnis der Mutter zu dem, was sie Yannik schuldig ist, selbst wenn sie es gar nicht erfüllen konnte.

Wie schon gesagt: Auf diese Weise werden alte Wunden von Generation zu Generation, von Beziehung zu Beziehung weitergegeben. Sobald wir uns der alten, der ursprünglichen Verletzung jedoch bewusst werden, haben wir die Chance, es anders zu machen. Neu anzufangen und es besser zu machen.

Als Erwachsener kann Yannik Verständnis für seine Mutter aufbringen, und das ist auch gut so. Sein Verhältnis zu seiner Mutter ist gut. Sie nervt ihn nur manchmal, wenn sie sich hilflos gibt. Dann bekommt er eine Wut, die er nur schwer aushalten kann. Und die er nicht versteht. Sie hat ja alles für ihn getan und konnte auch nichts dafür, dass der Vater sie verlassen hatte. Doch jedes Mal, wenn seine Mutter nicht für sich selbst einsteht, jedes Mal, wenn sie nicht die Verantwortung für das übernimmt, was sie will, erinnert sich der kleine Yannik in ihm unbewusst an die offene Rechnung. Dann erlebt er den Schmerz darüber immer wieder neu. All das läuft unbewusst ab, Yannik merkt es nicht. Er bekommt nur aus scheinbar unerfindlichen Gründen schlechte Laune. Und zugleich Schuldgefühle, weil er so genervt reagiert.

In Beziehungen ist Yannik fordernd und reagiert beleidigt, wenn seine Partnerin Zeit für sich selbst braucht. Er fühlt sich schnell übergangen. Er erwartet, dass sich in seiner Ehe alles um ihn dreht. Er will, dass seine Frau das erfüllt, was seine Mutter ihm nicht geben konnte, und wird wütend, wenn sie sich um ihre eigenen Angelegenheiten kümmert. Ohne zu verstehen, warum. Denn eigentlich ist er ein sehr umgänglicher, freiheitsliebender und verständnisvoller Mensch, der selbst Freiraum braucht.

Es gibt in Yannik einen Anteil, der immer noch versucht, diese offenen Rechnungen einzuklagen. Nicht von der Mutter. Sondern von seiner Ehefrau. Sie steht auf einmal stellvertretend für seine Mutter und soll ihm nun geben, was ihm die Mutter schuldig geblieben ist. Vernünftig klingt das nicht. Und doch geschieht genau das, wenn alte Wunden wirken.

Immer wenn seine Frau nicht für ihn da ist, erscheint ein neuer Posten »nicht für mich da« auf der Rechnung des kleinen Yanniks, der die Mutter vermisst hat. Weil es in emotionaler Hinsicht immer wieder die gleiche Erfahrung ist. Der Gehirnteil, in dem die Gefühle entstehen, arbeitet nun mal nicht logisch und vernünftig, sondern impulsiv und irrational. Seine Frau wird ungehalten, weil er so kontrollierend ist, droht damit auszuziehen. Weil sie ihn liebt, bietet sie ihm an, zusammen eine Paartherapie zu machen. Und jetzt trifft Yannik aufgrund all dieser inneren Vorgänge eine schlechte Entscheidung: Er lehnt ab und stößt seine Frau vor den Kopf.

Doch wenn man weiß, dass Yannik seine eigene offene Rechnung nicht kennt, wenn man weiß, dass er große Angst vor dem Schmerz und vor allem vor der Wut hat, die in ihm lauert, dann versteht man, warum er lieber seine Ehe aufs Spiel setzt, als sich die Beziehung zu seiner Mutter anzuschauen.

Weiß er das alles? Nein, Yannik hält Paartherapie einfach für Blödsinn, sagt er. Er hat seine Chance verpasst. Aber das Leben wird ihm immer wieder eine neue Chance geben, dieselbe alte Rechnung zu begleichen. Wenn nicht in dieser Beziehung, dann in der nächsten. So lange, bis sie beglichen ist, bis der Ausgleich in Yanniks Gefühlshaushalt wiederhergestellt ist.

Verleugnung

Unser Gehirn ist auf die Lösung emotionaler Probleme optimiert. Es ist kreativ und hält für eine Situation immer mehrere Lösungsmöglichkeiten bereit. Wenn wir unsere eigenen Lösungen finden und anwenden können, erleben wir uns als »selbstwirksam«, als erfolgreich und kompetent. Das heißt, wir wissen, wie wir für ein befriedigendes Ergebnis die Dinge anpacken und uns für etwas einsetzen müssen. Dazu gehört auch, sich den Gegebenheiten und den Bedürfnissen anderer Menschen in einem vernünftigen Rahmen anzupassen. Was uns meist einen gewissen Verhaltensspielraum gibt: Wir bleiben flexibel, solange die für uns selbst wichtigen Bedürfnisse dabei erfüllt werden.

> *Menschen sind soziale Wesen und somit in der Lage, Kompromisse zu schließen und zu berücksichtigen, was anderen in einer Situation wichtig ist.*

Viel zu oft wird uns statt natürlicher Anpassung jedoch ein »Sich-Verleugnen« abverlangt. Und dann verstellen wir uns, statt uns so zu zeigen, wie wir sind. Weil wir es so gelernt und verinnerlicht haben. Dieser Zwang, sich selbst zu verleugnen, stammt aus der Kindheit – was nur natürlich ist, denn damals waren wir abhängig von der Versorgung anderer Menschen. Wenn wir als Kinder nur dann anerkannt und geliebt wurden, wenn wir funktionierten, dann ist es zu einer Überlebensstrategie geworden, sich das Wohlwollen anderer durch Selbstverleugnung zu sichern. Wenn wir unserem Schutzimpuls nicht folgen durften (»Doch, doch, gib der Tante das Küsschen«, obwohl die Tante nicht gut roch), vermeiden wir auch heute noch, Nein zu sagen. Wir spüren das Nein als inneren Widerstand, doch wir folgen ihm nicht.

Wir sagen nicht Nein zu dem, was nur Lebenszeit verschwendet, und tun nicht das, was wir wirklich tun wollen. Wir hören nicht auf unser inneres Nein und werden unzufrieden, nörgeln, verweigern uns und bringen uns nicht voll ein. Wir erschaffen durch Selbstverleugnung ein inneres Ungleichgewicht und verbrauchen sehr viel Energie. Und das hat dramatische Auswirkungen auf das Erwachsenenleben.

Um unser Leben verantwortungsvoll und selbstbestimmt leben zu können und frei zu gestalten, müssen wir in der Lage sein, auf das Wohlwollen anderer zu verzichten. Doch das sind wir nicht – aber wir können es werden!

Beispiele für Situationen, die uns in der Kindheit in eine Verleugnung gezwungen haben:

- **Nicht Nein sagen dürfen:** Wenn wir in der Familie eine bestimmte, festgelegte Rolle zu erfüllen hatten, werden wir tendenziell auch als Erwachsener nicht Nein sagen können. Sogar in wichtigen Situationen nicht. Da wir fürchten, andere Menschen durch unser Nein zu verärgern, treffen wir schlechte Entscheidungen, die zu Problemen führen.
- **Nicht laut lachen dürfen:** zum Beispiel, um die depressive Mutter nicht zu stören. Dann werden wir uns auch später den Ausdruck ungehemmter Freude versagen.
- **Nicht neidisch auf das kleine Geschwisterchen sein dürfen**, um die Eltern nicht zu überfordern. Da wir in dieser Situation nie getröstet wurden, werden wir uns auch später immer wieder zurückgesetzt fühlen.
- **Beschämt werden:** durch Schuldzuweisungen, Vorwürfe oder Spott. Wenn wir nicht lernen, dass wir Fehler machen dürfen, werden wir immer Mühe haben, eigene Fehler und auch eigene Nöte offenzulegen und um Hilfe zu bitten, wenn wir das brauchen. Zum Beispiel, wenn wir in irgendeinen Konflikt oder in finanzielle Not geraten.

Selbstabspaltung

Stellen wir uns einmal vor, wir kämen als vielteiliges Puzzle auf die Welt. Einige wenige Teile sind schon mit unserer Geburt zusammengefügt, aber die meisten Puzzleteile liegen noch in der Verpackung. Wenn alles glattliefe, kämen sie nach und nach hinzu, während wir heranreifen. Das fertige Bild ist auf der Schachtel aufgedruckt und zeigt unsere innere Wahrheit, unser bestes Ich, das, was wir werden könnten, würden wir nicht verletzt werden. Dostojewski hat einmal gesagt: »Einen Menschen zu lieben heißt, ihn so zu sehen, wie Gott ihn gemeint hat.« So müssen wir uns das Bild auf dem Puzzlekarton vorstellen: wie Gott, das Universum oder die Biologie uns gemeint hat.

Eine emotionale Verletzung bedeutet hingegen immer, dass jemand uns sagt: »Das Bild von dir auf der Schachtel ist falsch. Es gefällt uns nicht.« Wenn wir als Kinder solche Sätze hören, zum Beispiel »Werde bloß nicht wie dein Vater!« oder »Sei bloß nicht so eitel!«, werden wir automatisch versuchen, uns dem Wunschbild der Eltern anzupassen, und uns verstellen. Wir nehmen unbewusst die Teile, die anderen unpassend scheinen, aus dem bereits fertigen Teil des Puzzles und aus der Schachtel heraus und ersetzen sie durch solche, die gefallen. Doch dann stimmt das Bild eben nicht mehr

> *Das freundschaftliche und stimmige Zusammenspiel aller inneren Anteile macht uns zu dem Menschen, »als der wir gemeint waren«.*

mit dem überein, »wie wir gemeint waren«. Und so fühlen wir uns dann auch: von uns selbst abgetrennt und uns selbst fremd. Das ist unter Selbstabspaltung zu verstehen.

Um uns auch nach der Verletzung weiterhin sicher zu

fühlen, konnten wir nicht anders, als die verletzten Bereiche von uns selbst abzutrennen beziehungsweise uns selbst in bestimmten inneren Bereichen zu verlassen.

Doch keine Sorge! Unser Unterbewusstsein bewahrt die verschmähten und aussortierten Teile auf und hütet sie. Wie sehr wir die Verletzungen auch verdrängt und uns von uns selbst abgespalten haben: Alles, was wir wissen müssen, um uns selbst zu begegnen, ist noch da. Wir gehen uns selbst nicht verloren. Irgendwo in diesem ganzen Schrott sind unsere ursprünglichen Puzzleteile immer noch ganz lebendig und kraftvoll vorhanden und warten nur darauf, wieder zu einem Ganzen zusammengefügt zu werden.

Im Alltag können wir die Selbstabspaltung immer wieder bewusst vermeiden, indem wir uns von anderen abgrenzen. Wenn uns jemand verletzt oder uns mit unangemessenen Forderungen gegenübertritt, dann dürfen und sollten wir eine deutliche Grenze ziehen. Deshalb gebe ich dir diesen Schlüsselsatz mit auf den Weg, der sehr einfach ist, aber sehr entscheidend für ein emotional gesundes Dasein – er allein schon kann das Leben verändern.

SCHLÜSSELSATZ DER SELBSTABGRENZUNG

Ich stehe dafür nicht (oder nicht mehr) zur Verfügung.

Körperliche Beschwerden

Dass sich seelische Beschwerden auch körperlich ausdrücken, wissen Menschen schon lange. Die Angst sitzt im Nacken, sagen wir, das geht uns an die Nieren oder etwas bricht uns das Herz. Eine Frage bereitet uns Kopfzerbrechen und in bestimmten Situationen haben wir ein gutes oder ungutes Bauchgefühl. In unserer Sprache sind Gefühle und körperliche Zustände also eng miteinander verbunden, und das ist auch ganz folgerichtig. Denn Gefühle nehmen wir durch Hormonausschüttungen wahr, die im Körper wirken: Sie beeinflussen den Herzschlag, die Durchblutung, die Atmung, die Muskelspannung, den Gesichtsausdruck. Dazu muss man nur einem Kind ins Gesicht schauen, das sich freut oder das traurig ist. Deutlicher kann man einen körperlichen Gefühlsausdruck kaum erleben.

Gefühle bemerken wir also über körperliche Veränderungen. Viele Menschen nehmen manchmal sogar zuerst den körperlichen und dann den emotionalen Zustand an sich wahr: Da ist dieser Druck im Bauch, dieses innere Unwohlsein oder Angespanntsein. Was wir dabei nicht erkennen, ist, dass unser körperliches Unbehagen oft auf ein immer wiederkehrendes Gefühl zurückgeht. Die Rückenschmerzen tauchen mit dem Gedanken auf, am Montag wieder zur Arbeit zu gehen, das Zucken des Augenlids, wenn man sich an eine bestimmte Person erinnert, die Enge in der Brust bei der Erinnerung an einen schmerzlichen Verlust – das sind Gefühle, die sich durch den Körper ausdrücken.

> *Alle ungefühlten Gefühle sind im Körper gespeichert. In den Muskeln, den Organen, in den Faszien der Muskeln und in der Zusammensetzung deines Blutes. In der Haut und sogar im Haar.*

Es ist, als hätten wir eine Art Wesen in uns, das nachhaltig verletzt ist. Dieses Wesen leidet mit uns und meldet sich immer dann, wenn es auch nur den leisesten Hauch einer Verletzung wittert, die derjenigen ähnelt, die wir nie verarbeitet haben. Es übernimmt die Kontrolle und reagiert, als wäre die Verlassenheit auch heute noch echt und real.

Eckhart Tolle hat dieses innere Wesen als »Schmerzkörper« bezeichnet, wobei »Körper« viel zutreffender ist als zum Beispiel »Gehirnteil«. Denn auch der Körper trägt schwer an alten Wunden und diese Wunde drückt sich auch körperlich aus: durch chronische Krankheiten, durch Entzündungen oder Symptome wie Asthma und ständige Schmerzen. »Psychosomatik« heißt die medizinische Fachrichtung, die sich mit diesem Thema befasst. Was schon beinhaltet, dass die Beschwerden seelische Ursachen haben. Das macht sie nicht weniger real, als wenn eine körperliche Ursache zugrunde liegen würde. Sie sind eben nicht eingebildet, wie einige immer noch meinen. Sie sind sichtbar und messbar. Doch die herkömmlichen Therapien nutzen wenig, wenn emotionale Verletzungen den Körper plagen.

UNSER SCHMERZKÖRPER

Eckhart Tolle versteht unter Schmerzkörper jenen Bewusstseinszustand, der entstanden ist durch die Summe des unverarbeiteten Leidens, das ein Mensch durchlebt hat. Das Leid allein ist noch nicht das entscheidende Problem. Wenn wir dabei gesehen, gehalten, getröstet wurden, wenn uns geglaubt wurde und wir dadurch Gelegenheit hatten, diese Erfahrung zu verarbeiten, wird Leid genau dazu: zu einem Teil unserer Erfahrung. Mehr nicht. Konnten wir unsere Gefühle nicht verarbeiten, weil niemand uns getröstet hat und wir

Unser Schmerzkörper ist das traumatisierte Ich – der Lastenträger alter Wunden.

zu klein waren, um uns selbst zu trösten, dann merkt sich das das Gehirn.

Der Schmerzkörper wirkt wie ein Verzerrer, durch den wir die Welt und das eigene Leben wahrnehmen wie durch eine besondere Brille. Er ist so stark, dass einem alle anderen Gefühle, vor allem positive, wie eine Illusion vorkommen. Und so verlieren wir nach und nach die Hoffnung auf Glück. Das Schwierige ist, dass uns dieser Schmerzkörper alle Ereignisse auf die gleiche emotional verzerrte Weise fühlen lässt. Wir reagieren also auch immer wieder gleich. So erschaffen wir uns unsere schmerzhafte Realität immer wieder selbst und der Schmerzkörper wird immer stärker. Er hat ja jedes Mal recht, wenn wir wieder mal verletzt, verraten, verlassen, beschämt oder ausgenutzt werden!

DIE ÜBUNG MIT DEM LEEREN STUHL

Mit der nachfolgenden Übung wollen wir versuchen, unserem Schmerzkörper ins Gesicht zu schauen. Es ist eine Übung aus der Gestalttherapie, die uns im Verlauf des Buches immer wieder begegnen wird und die ich in der Einleitung schon kurz vorgestellt habe. Sie ist bekannt unter dem Namen »Der leere Stuhl«. Die Grundidee dabei ist, in einer Art Meditation oder Gedankenreise mit uns selbst ins Gespräch zu kommen. Auf einem leeren Stuhl, der uns gegenübersteht, sitzen dabei die eigenen Gefühle oder inneren Anteile (zu denen kommen wir noch ausführlicher in Kapitel 3), mit denen wir ein imaginäres Zwiegespräch führen.

Wie das gehen soll? Erinnern wir uns an unsere Kindheit. Wie oft haben wir damals mit unserer Puppe oder einem Teddy gesprochen, besonders wenn wir Kummer hatten? Ja, wir haben diese Figuren sogar mit dem versorgt, was uns selbst gefehlt hat! Und wenn uns der Teddy oder die Puppe gar geantwortet haben, haben wir uns dann nicht weniger allein gefühlt?

Im Grunde ist dieser bewusst geführte innere Dialog wie eine Fortsetzung des inneren Zwiegesprächs, das wir den ganzen Tag halbbewusst im Stillen mit uns führen. Und das ständige Gerede im Kopf wird immer leiser, je mehr wir uns wirklich zuhören.

ÜBUNG MIT DEM LEEREN STUHL: DEN SCHMERZKÖRPER KENNENLERNEN

* *Nimm dir dein Tagebuch oder ein Blatt Papier. Stell zwei Stühle einander gegenüber auf und setze dich auf einen der beiden Stühle, vielleicht auf deinen Lieblingsplatz. Auf dem leeren Stuhl sitzt nun in Gedanken der Schmerzkörper, jenes innere Wesen, das deine Verletzungen in sich gespeichert hat.*
* *Nimm einfach nur wahr, wie es dir geht.*
* *Schreibe dir spontan auf, was dir durch den Kopf geht und was du empfindest.*
* *Stehe dann auf und setze dich auf den Stuhl dir gegenüber. Begib dich in die Rolle des Schmerzkörpers. Beobachte, wie du dich auf diesem Stuhl fühlst:*
  * *Wie atmest du?*
  * *Was spürst du? Wie fühlt sich dein Körper an?*
  * *Was geht dir durch den Kopf? Hast du Gefühle, die du benennen kannst?*
  * *Kommen dir bestimmte Erinnerungen in den Sinn?*
  * *Wie alt bist du auf diesem Stuhl?*
* *Halte deine Gefühle in Notizen fest.*
* *Wie würdest du auf diesem Platz den folgenden Satz vollenden?: »Ich werde nie wieder ...« (Zum Beispiel lieben, glücklich sein, Vertrauen haben)*
* *Wie würdest du diesen Satz vollenden?: »Ich werde immer ...« (Zum Beispiel leiden, mich verstecken, meiner Angst ausgeliefert sein)*

❀ Nach einer kleinen Weile, wenn du diesen Schmerzkörper für heute genug gespürt hast, setze dich wieder auf deinen ursprünglichen Platz und beende die Übung hier.

❀ Nimm dir im Anschluss noch einen Moment Zeit, lies das Geschriebene noch einmal durch, fühle nach und glaube dir.

Vielleicht hast du dich bei dieser Begegnung mit deinem Schmerzkörper unwohl gefühlt, bist aber trotzdem bei dir geblieben, dann hast du dir damit eine wichtige Eigenschaft zurückerobert: in Beziehung mit dir selbst zu bleiben, bedingungslos. Es ist hilfreich, nicht zurückzuzucken, egal, wie es sich anfühlt. Diese Treue zu dir selbst brauchst du, um frei zu werden.

Der »leere Stuhl« kann dir im Alltag ungeahnte Dienste leisten. Wenn du eine Frage an dich selbst hast, setze dir einfach die Antwort auf diesen leeren Stuhl! Sie ist ja schon da, du kennst sie nur noch nicht. Setze dich selbst auf den Antwortplatz, und du wirst merken, wie sich dein Bewusstsein verändert.

Und noch einmal zur Erinnerung: Mit den Antworten auf diese Fragen musst du nichts tun, sie setzen einen Bewusstseinsprozess in dir in Gang, der ohne weiteres Zutun langfristig auch Einfluss auf dein Handeln haben wird. Denn alles, was dir bewusst wird, wendet dein Gehirn auch automatisch an. Indem du für dich Antworten findest, verknüpfst du bestimmte Gehirnteile miteinander und übst, auf deine innere Stimme zu hören. So aktivierst du deine innere Wahrheit, du erkennst, dass du innere Antworten hast, und wirst unabhängiger von anderen Menschen.

Angst und Stress

Eines haben alle Menschen, die alte Wunden in sich tragen, gemeinsam: Sie sind voller unterdrückter Angst. Aber Angst stört. Wir wollen sie nicht spüren. Schließlich sind wir erwachsen und sollten unser Leben meistern können. Wir sollten mit den Steuergesetzen, mit Trennungen, mit der Abzahlung oder dem Verlust unseres Hauses, unseren Liebsten, mit den Anforderungen am Arbeitsplatz und unserer Verantwortung als Eltern zurechtkommen. Wir sollten in der Lage sein, gut für uns zu sorgen, auf unsere Gesundheit und unser Gewicht zu achten, gesunde Beziehungen zu führen und mit Geld umzugehen. Sind wir auf einem Weg zur Bewusstwerdung, kommen Achtsamkeit, Mitgefühl, Spiritualität, vegetarische oder vegane Ernährung mit auf unsere Liste. Und natürlich sollten wir ein gutes Verhältnis zu unserem inneren Kind haben. Habe ich etwas vergessen? Mit Sicherheit!

Angst ist schon beinah eine Behinderung und hat keinen Platz in unserem Lebenskonzept.

Das sind ziemlich viele Anforderungen, nicht wahr? Wir meistern sie mit Bravour, bekommen aber sofort Angst, wenn wir bei einem oder zwei dieser Punkte ins Stocken geraten. Dann verfallen wir gern in eine Art Kontrollwahn und handeln entweder wie innerlich getrieben oder erstarren. Wir meistern unser Leben – doch wir haben ein sorgfältig gezüchtetes und gepflegtes Konstrukt aus Kontrolle und bestimmten Verhaltensmaßregeln erschaffen. Und ohne es zu wollen, verteidigen wir unsere ganz spezielle Sicht der Dinge, als wäre sie die einzig wahre. Wenn sich jemand anders verhält, als wir es für richtig erachten, fühlen wir uns auf merkwürdige Weise bedroht.

Warum haben wir so wenig Vertrauen ins Leben? Warum glauben wir nicht daran, dass alles gut gehen wird? Nun, weil es nicht immer stimmt. Manches geht eben nicht gut aus, immerhin gibt es den Tod, sosehr wir ihn auch ignorieren wollen. Doch wenn wir schon nicht dem Leben vertrauen, warum dann nicht wenigstens uns selbst? Warum nicht unserer Fähigkeit, mit dem, was kommt, umgehen zu können? Weil wir eines erlebt und verinnerlicht haben: Wir konnten mit dem, was uns verletzt hat, was auch immer es war, nicht umgehen. Wir waren ohnmächtig und haben das Vertrauen in uns selbst entweder verloren oder erst gar nicht entwickeln können. Das gibt natürlich keiner zu, nicht mal vor sich selbst. Doch es gibt Anzeichen.

SCHALTZENTRALE EMOTIONALHIRN

Gefühle entstehen in einem bestimmten Gehirnteil, im limbischen System, dem sogenannten »Emotionalhirn«. Hier befindet sich der Anteil, der unser Erleben am meisten bestimmt: die Amygdala, zu Deutsch der Mandelkern, weil es sich dabei um eine mandelförmige Ansammlung von Nervenzellkörpern handelt. Dieser Mandelkern ist paarig angelegt, es gibt Anteile in jeder Gehirnhälfte. Die Mandelkerne sind jene sehr alten Teile des Gehirnes im Hinterkopf, die unwillkürlich auf jedes Ereignis reagieren.

> *Gefühle sind nicht linear, logisch oder geradlinig. Es ist verständlich, diese komplexen inneren Zusammenhänge lieber ignorieren zu wollen. Doch das hilft nicht.*

Die grundlegenden Angstreaktionen sind angeboren, zum Beispiel die Verknüpfung des Geruches von Rauch und dem Gefühl von Gefahr. Die Amygdala unterscheidet aufgrund von emotionalen Erinnerungen auf der Stelle, ob eine Situation schon einmal bedrohlich war und deshalb auch heute angstauslösend ist oder nicht. Unser Gehirn speichert also Gefühle, die wir in einer gleichen oder ähnlichen Situation bereits erlebt haben, und reagiert entsprechend. Es reproduziert die gleichen Gefühle wie in dieser vorausgegangenen Situation. Kinder schauen sich die Gefühle, die zu einer Situation passen könnten, bei den Bezugspersonen ab. Die Gefühle derer, die uns als Baby oder Kleinkind versorgen, sind der Gradmesser für die Sicherheit unserer kindlichen Umgebung. Lebten unsere Bezugspersonen in Angst, in Sorge, in emotionalem Schmerz, so bekam das Gehirn ständig die Information: »Das Leben ist nicht sicher, ich muss in Daueralarmbereitschaft bleiben.« Die emotionale Erinnerung, die wir abgespeichert haben, ist: Die Welt ist ein beängstigender Ort. Und so wird unser Gehirn jede Situation, die sich damit in Zusammenhang bringen lässt, erneut als gefährlich einstufen und eine Stressreaktion auslösen.

UNSER KÖRPEREIGENES WARNSYSTEM

Die Amygdala dient also als Alarmanlage. Innerhalb von wenigen Millisekunden bewertet sie Situationen und schätzt Gefahren ein. Manche Ängste sind nicht angeboren, aber sehr schnell erlernbar. Affen lernen zum Beispiel, sich vor Schlangen zu fürchten, wenn sie diese Angst bei anderen Affen beobachten. Sie nutzen das emotionale Gedächtnis der anderen, und das ist auch äußerst sinnvoll. Schon ein ängstlicher oder angespannter Gesichtsausdruck eines anderen Affen versetzt die eigene Amygdala in Alarmbereitschaft. Und auch beim erwachsenen, bewusst denkenden Menschen genügt ein besorgter Gesichtsausdruck eines anderen, und die eigene Stimmung sinkt. Egal, was der andere sagt. Die Amygdala nimmt wahr, was der andere fühlt. Auch und gerade dann, wenn er es selbst nicht spürt. Das muss sie auch, damit nicht jeder die gleichen negativen Erfahrungen machen muss. Sonst hätte die jeweilige Spezies, ob Tier oder Mensch, keine große Überlebenschance.

Selbst positive oder neutrale Gegebenheiten können sich in angstauslösende Zustände verwandeln. Wenn wir Schmerz oder Angst erleben, dann strahlt diese Angst auf alles aus, was gleichzeitig, kurz zuvor oder danach passiert. Auch das ist sehr sinnvoll. Unser Gehirn verknüpft die ungefähr zeitgleich stattfindenden äußeren Umstände mit Angst oder Schmerz, um die Gefahr erneuter Verletzung demnächst zu vermeiden. Denn das, was kurz zuvor geschah, könnte ja zu dem Schmerz oder der Angst geführt haben. Das Angstzentrum ist nicht logisch, es ist effektiv und verknüpft ein verletzendes oder bedrohliches Ereignis lieber mit zu vielen als mit zu wenigen Warnsignalen.

WIE SICH ANGST IM KÖRPER ZEIGT

Der Körper reagiert auf Angst und Stress auf drei verschiedene Arten: durch Flucht, Erstarrung oder Angriff. Je nach Situation und je nachdem, was einem möglich ist. Ein junger, kräftiger Mann wird bei Stress vielleicht angreifen, verbal oder physisch. Eine alte, gebrechliche Dame erstarrt und zieht sich in sich selbst zurück. Ein schutzbedürftiges Kind versteckt sich hinter dem Rücken des Vaters und flüchtet auf diese Weise.

Der Körper verlangsamt zunächst alle Stoffwechselvorgänge, um sich auf die bevorstehende Reaktion, die Flucht oder den Angriff, vorzubereiten. Das erleben wir als Schrecksekunde. In dieser Schrecksekunde sind wir handlungsunfähig. Unser Atem stockt und wird flacher, ohne dass wir es bemerken. Unsere Muskulatur verspannt sich. Beinahe jeder kennt das Gefühl, dass sich der Bauch meldet, dass man die Schultern hochzieht, die Zähne zusammenbeißt und den Kiefer verkrampft.

Dann schaltet der Körper mithilfe der Stresshormone wie Adrenalin und Noradrenalin in den Flucht- oder Angriffsmodus und mobilisiert Energie. Der Blutdruck steigt, das Herz schlägt schneller. Der innere Motor dreht, noch im Leerlauf, höher. Jetzt sollte die Reaktion erfolgen. Wir sollten, bildlich gesprochen, einen Gang einlegen und losdüsen. Doch wenn es um emotionale Verletzungen geht und wir diese gar nicht bemerkt haben, reagieren wir auch nicht. Unser Körper weiß um die Verletzung, sie hat ja stattgefunden, aber weil keine Handlung erfolgt, fehlt auch die nächste Phase, die der Entspannung.

Ungeheilte Wunden blockieren alles. Wir sind ständig innerlich angespannt, gestresst und wissen gar nicht, warum.

In der Entspannungsphase wären wir normalerweise müde und erschöpft und würden uns ausruhen. Der Körper normalisiert währenddessen den Hormonspiegel, den Blutdruck und Herzschlag und füllt den Kraftvorrat der Muskeln wieder auf.

Wenn die Entspannungsphase jedoch nicht stattfindet, bleibt der Körper im Dauerstress. Wir bleiben angespannt, sind aber zugleich ständig müde. Und das fühlt sich so vertraut an, so normal, weil es schon immer so war, dass wir auch das nicht wirklich bemerken.

Anhand der nachfolgend vorgestellten Angsttypen bekommen wir vielleicht ein Gefühl dafür, wie wir selbst bei Angst und Stress reagieren oder zumindest, welche Tendenz wir zeigen.

FÜNF MODELLE FÜR ANGSTREAKTIONEN

Woran merken wir, dass wir aus Angst handeln? In der Psychologie kennt man fünf verschiedene Angstreaktionen. Sie klingen dramatisch und wenig nett. Und es schmerzt, ehrlich zu sich selbst zu sein und sich einem oder mehrerer dieser Typen zuzuordnen, aber gleichzeitig gilt auch hier: Selbsterkenntnis ist der erste Schritt zur Besserung – und auch der einzige, der hilft.

1. Der unnahbare Kontrollfreak

Dieser Typus zersplittert bei Angst und Überforderung in seine Einzelteile, spürt sich selbst nicht mehr. Er friert bei Stress emotional ein, wird kalt und rational. Und bleibt dabei äußerlich sehr leistungsfähig, deshalb merkt man es ihm nicht an. Wie es der Name schon sagt, lebt er sein Leben aus der mentalen Kontrolle heraus. Sein Verstand ist sehr aktiv. Er spürt sich und seinen Körper nicht, gerade weil er in Wahrheit sehr emotional sein kann. Oft ist er sehr spirituell oder philosophisch unterwegs und lebt gern in höheren geistigen Sphären. Wenn er Angst hat, wird er unberührbar.

2. Der bedürftige Energievampir

Dieser Angsttypus sucht sich seine »Opfer« und saugt seine Lebensenergie aus ihnen. Lebt der Kontrollfreak aus seinem eigenen Kopf und seiner Kontrolle heraus, so nutzt der Energievampir die Kraft von anderen. Er fällt ohne Input von außen in sich zusammen, ist wenig funktional, kommt hilflos daher. Er nutzt die Aufmerksamkeit und Hilfsbereitschaft, das Geld, die Zeit, die Lebenskraft oder das Organisationstalent anderer, um sich selbst besser zu fühlen. Aber durch Angst wird er bedürftig und hilfesuchend. Er wirkt dadurch berührbar und berührt andere. Doch in Wahrheit will er nicht berührt werden, sondern Energie bekommen.

3. Der grandiose Narzisst

Der Narzisst hat alles fest im Griff und erlaubt nicht, dass etwas ohne seine Kenntnis und ohne sein Zutun geschieht. Er spürt sich selbst über die mentale Macht, die er ausübt, und kontrolliert die Situation, indem er scheinbar viel Verantwortung übernimmt, in Wahrheit aber alle überrennt. Dieser Angsttypus ist sehr präsent und hochfunktional, solange ihm niemand in die Quere kommt.

Er kontrolliert seine Umgebung durch seine Vorstellungen, wie die Dinge zu laufen haben. Abweichungen erlaubt er nicht. Durch Angst wird er überheblich und selbstherrlich.

4. Der Bedenken tragende Verweigerer

Der Verweigerer hält aus und durch. Er atmet flach, bis die Situation vorbei ist, und versucht, mit so wenig Aufwand wie möglich zu überleben. Er ist in sich gefangen, funktioniert zwar, aber sehr verhalten und nur mit großem Energieaufwand. Er ist wie erstarrt, stellt sich tot. Seine Lieblingsantwort ist Nein. Dabei kann er nach außen hin durchaus sehr lebendig wirken. Doch seine Hyperaktivität soll nur ablenken. Der Verweigerer zeigt seine Gefühle nicht, nicht mal seine Erstarrung. In der Angst zieht er sich in sich selbst zurück, ist kaum noch ansprechbar, nicht mehr zu erreichen.

5. Der passiv-aggressive Dulder

Er hält auch aus und wirkt dadurch wie der Verweigerer. Gleichzeitig erwartet er die Nackenschläge des Lebens. Der Verweigerer ist in sich erstarrt, der Dulder dagegen befindet sich in Habachtstellung. Innen ist Aufruhr, es tobt ein Kampf, es brodelt und wütet. Er fühlt durchaus. Doch nichts davon dringt nach außen. Je stärker die innere Spannung wird, desto mehr verkrampft er und fühlt sich vollkommen handlungsunfähig. Er ist sehr damit beschäftigt, sich zu wappnen. Der Dulder ist wie ein Dampfkessel, doch er wird nicht platzen, sondern sich noch mehr verspannen. In der Angst bürdet er sich immer mehr auf, macht sich das Leben schwer, indem er sich selbst sabotiert.

Den vorgestellten Reaktionsmustern wollen wir mit der nachfolgenden Übung noch stärker auf die Spur kommen. Denn je besser wir uns und unsere Anteile kennen – auch wenn wir sie nicht besonders mögen –, desto freundschaftlicher und vor allem bewusster können wir mit uns selbst umgehen. Je genauer wir unsere Angst kennen, desto deutlicher werden wir wahrnehmen, wenn wir auf eine bestimmte Situation überempfindlich reagieren, statt sie souverän und verantwortungsvoll zu meistern.

ÜBUNG MIT DEM LEEREN STUHL: ERKENNE DEINE ANGSTREAKTION

- *Stell die beiden Stühle wie auf Seite 51 beschrieben einander gegenüber auf und nimm dir etwas zu schreiben.*
- *Setze dich auf den einen Stuhl und stell dir vor, dir gegenüber sitzt dein angsterfülltes Ich. Doch, das gibt es!*
- *Betrachte den Anteil, der dir gegenübersitzt, und fühle dabei dich selbst. Wie geht es dir damit? Schreibe ein paar Stichworte auf, die dir einfallen, zum Beispiel: Kannst du selbst auf deinem Platz noch gut atmen? Kannst du dir vielleicht gar nicht vorstellen, dass so ein Angstanteil zu dir gehört? Schreibe alles auf, was dir einfällt. Dabei gibt es kein Richtig oder Falsch. Du kommst gerade in Kontakt mit dir selbst und nur darum geht es.*
- *Setze dich jetzt auf den anderen Stuhl. Stell dir vor, du bist jetzt tatsächlich dieser angsterfüllte Anteil. Du wirst dich wundern, wie gut dir das auf diesem Stuhl gelingt.*
- *Frage dich, woran du erkennst, dass du Angst hast: Kannst du nicht mehr richtig atmen? Verspannt sich dein Körper? Denkst du anders als normalerweise? Es sind oft Kleinigkeiten, die sich verändern, und bestimmt kennst du diese Reaktionen bereits von dir. Du hast sie bislang nur noch nicht mit dem Thema Angst in Verbindung gebracht. Schreibe dir das bitte auf, damit du es nicht wieder so schnell vergisst.*
- *Stehe dann auf und strecke dich ein bisschen. Gehe in die Natur, mache eine Yogaübung oder schüttle Arme und Beine kräftig aus und lass die Übung in deinem Inneren ausklingen.*

UNSER INNERES FLUCHTTIER

Tiere erleben übrigens Angst und Stress auf dieselbe Weise wie wir Menschen. Wenn ein Tier Angst bekommt, werden auch in seinem Körper Hormone ausgeschüttet, die es auf das Flüchten vorbereiten. Durch diese Hormone gibt der Körper blitzschnell sehr viele rote Blutkörperchen ins Blut ab. Sie transportieren den lebensnotwendigen Sauerstoff im Blut. Mehr rote Blutkörperchen zu haben bedeutet, für eine kurze Zeit mehr Sauerstoff aufnehmen zu können. Das Tierblut verdickt sich dadurch. Durch den zusätzlichen Sauerstoff im Blut können die Muskeln für eine kurze Zeit viel mehr leisten. Das Tier kann also im Fluchtmodus schneller rennen, schwimmen oder fliegen als sonst.

Das folgende Fallbeispiel aus der Tierwelt soll die körperlichen Auswirkungen von unbemerktem Stress verdeutlichen.

CARLOS ANGST

Carlo ist ein stolzes Pferd, schwarz, glänzend, prachtvoll. Er ist außerdem, wie jedes Pferd, ein Herden- und ein Fluchttier. Nun soll Carlo auf einen Hänger verladen werden, das heißt, er wird von seiner Herde getrennt und muss ganz allein in einen dunklen, viel zu kleinen Kasten einsteigen, in dem er sich nicht bewegen kann und der ihm keinen Fluchtweg lässt. Wenn man das mit einem Pferd lange übt und es dabei beruhigt, dann gewöhnt es sich an die Situation. Es lernt, dass es dennoch in Sicherheit ist, und das Verladen läuft für das Pferd relativ stressfrei ab. Übt man es nicht, dann muss man Druck anwenden, die Gerte benutzen oder das Pferd leicht betäuben, um es in den Hänger zu bekommen. Man stresst das Pferd.
Carlo hat nicht gelernt, dass die Fahrt in einem Hänger sicher ist, er hat Angst. Seinem Fluchtimpuls kann er nicht nachgeben,

er kann sich in dem engen Kasten ja nicht mal groß bewegen. Am Ankunftsort wird Carlo ausgeladen und muss brav in den Stall. Er darf sich nicht in der Halle austoben, darf nicht buckeln, vorne steigen, nach hinten austreten. Warum nicht? Weil das sehr gefährlich aussieht, wenn dieses riesige Tier buckelt und austritt. Und sein Mensch Angst bekommt, wenn Carlo scheinbar unkontrollierbar herumrennt. *(Eine weitere schlechte Entscheidung, getroffen aus Angst!)*
Weil für Carlo die natürliche Fluchtreaktion fehlte und auch nicht durch sicheres Herumtoben in der Halle simuliert werden durfte, verbraucht er den überschüssigen Sauerstoff im Blut nicht. Dem Gehirn fehlt die Information: »Wieder alles in Sicherheit.« Das Blut bleibt dickflüssig, fließt zu lange nicht richtig in die kleinen und kleinsten Gefäße. Das Gewebe wird nicht vernünftig durchblutet, weil das dickflüssige Blut diese hauchdünnen Gefäße nur schlecht passieren kann. Es ist zu zäh. Irgendwann baut der Körper die überschüssigen roten Blutkörperchen von alleine wieder ab, vorausgesetzt, Carlo kommt wirklich zur Ruhe. Aber nicht schnell genug. Das Blut bleibt länger dickflüssig, als es natürlich wäre. Deshalb entsteht eine Mangeldurchblutung. Auch die Stresshormone werden nicht komplett abgebaut. Und so bleibt Carlo nervös und reagiert beim nächsten Mal noch schneller mit Angst und Stress.

Carlo wird, wenn sich angstauslösende Situationen wiederholen, für den Menschen unverständliche und unkluge Entscheidungen treffen. Wenn er erschrickt, weil zum Beispiel ein Vogel in der Halle auffliegt, wird er womöglich die Vorderhufe heben und sich aufrichten, obwohl ein Reiter auf ihm sitzt. Statt ruhig stehen zu bleiben oder einfach in der angesagten Gangart weiterzulaufen. Er wird tänzeln, statt den Reiter in aller Ruhe aufsteigen zu lassen, weil er ihm nicht vertraut. Er wird für den Menschen, der nicht bereit ist, ihn zu verstehen, gefährlich, weil er unberechenbar zu sein scheint. Das ist er nicht. Er ist einfach in ständiger Panik und reagiert entsprechend.

Hätte Carlo einen Menschen, der all das wüsste und der ihm helfen würde, diese unnatürliche Stresssituation im Hänger zu verarbeiten, wäre alles gut. Carlo wäre entweder gut vorbereitet gewesen oder er dürfte nach dem Stress dafür sorgen, dass die Anspannung den Körper wieder verlässt. Er dürfte buckeln, rennen und austreten, bis er schnaubt und damit anzeigt, dass er sich entspannt. Doch so einen Menschen hat Carlo leider nicht.

Situationen, die uns an irgendetwas erinnern, das von der Amygdala als »Gefahr« deklariert wurde, versuchen wir möglichst zu umgehen. Unser emotionales Gedächtnis merkt sich solche Situationen und legt sie in dem Ordner »Vermeiden, da bedrohlich« ab.

Auch wir Menschen haben dieses innere Fluchttier. Carlo lebt in uns allen. Wenn wir ihn nicht gut hüten, dann rennt er gestresst in unserem Inneren herum, tritt alles zusammen oder ist ständig mental auf der Flucht. Wir bleiben in einer inneren Habachtstellung und erleben emotionalen Dauerstress, die natürliche Entspannung bleibt aus – emotional, körperlich, mental. Die Gedanken kreisen, der Körper ist angespannt, wir fühlen uns permanent ängstlich oder ärgerlich statt zuversichtlich. Meistens, ohne zu wissen, warum. Aber dafür gibt es Abhilfe.

Die nachfolgende Übung ist ein Werkzeug, um auch im stressigen Alltag klar zu denken und bessere Entscheidungen zu treffen, kleine und große. Stell dir dafür vor, es gäbe in deinem Gehirn zwei Lichtschalter, jeweils einen hinter jedem Ohr. Normalerweise sind diese Schalter so eingestellt, dass der hintere Teil des Gehirnes beleuchtet wird und du von hier aus deine (unbewussten) Entscheidungen triffst. Das ist die Werkseinstellung, mit der du geboren wirst. Warum? Weil der hintere Anteil entwicklungsgeschichtlich älter und damit stärker ist und der vordere Anteil noch nicht genügend entwickelt war.

ÜBUNG: VON ANGST AUF LÖSUNG UMSCHALTEN

❊ *Stell dir die beiden Lichtschalter hinter deinen Ohren vor und wie du sie betätigst. Schalte das Licht im vorderen Teil deines Gehirns ein. Jetzt.*

❊ *Sofort leuchtet das Gehirn hinter der Stirn auf. Helles Licht scheint nun hinter deiner Stirn und im oberen Kopf. Du kannst auf einmal klarer denken, bist präsenter, weniger emotional. Du fühlst dich wacher.*

❊ *Probiere das öfter am Tag aus, auch wenn du dich gerade gut fühlst. Schalte bewusst »nach vorne«. Damit übst du, automatisch ablaufende emotionale Reaktionen zu unterbrechen. Wenn du dich hoffnungslos, gereizt, traurig oder allgemein unwohl fühlst, kannst du von nun an die inneren Schalter umlegen. Du knipst dir selbst ein Licht hinter der Stirn an.*

❊ *Beantworte dir anschließend die folgenden Fragen:*
- *Wie geht es dir, wenn du bewusst das Licht hinter der Stirn einschaltest?*
- *Spürst du einen Unterschied zu vorher?*
- *Wie könntest du dich im Alltag öfter daran erinnern, diese Schalter zu betätigen?*

❊ *Beende dann die Übung und schreibe in Ruhe alles auf, was dir wichtig ist.*

Als du geboren wurdest, gab es im vorderen Gehirnbereich noch nicht viel, das du einschalten konntest. Er war noch »in Arbeit«. Heute ist das anders. Heute hast du einen ausgereiften Frontallappen, mit dem du mitfühlende und bewusste Entscheidungen für dich und andere treffen kannst! Stell dir vor, wie viel besser und konstruktiver viele Gespräche enden würden, wenn bei den Beteiligten die Vernunft und der gesunde Menschenverstand regieren würden statt unbewusste Gefühle und verdrängte Bedürfnisse!

ÜBERSPRUNGHANDLUNGEN

Wenn wir in Gefahr geraten, weckt das automatisch und blitzschnell unseren Überlebensreflex. Haben wir jedoch gelernt, ihn zu unterdrücken, bleibt er förmlich »im Körper stecken« und sorgt für innere Spannung. Es entsteht eine Übersprunghandlung, denn die angestaute Energie muss irgendwie genutzt werden. Also kauen wir an unseren Nägeln, zappeln herum, essen zu viel oder knirschen mit den Zähnen. Carlo, unser schwarzer Hengst, schlägt bei zu viel Stress mit dem Kopf, was beim Reiten hinderlich ist. Sein Besitzer versucht deshalb, ihm das abzutrainieren, statt Carlos Stress zu reduzieren. Er hat ja nicht einmal bemerkt, dass dieser überhaupt gestresst ist. So entsteht immer mehr Anspannung in dem armen Pferd. Der Stress staut sich in ihm auf und es bleibt nur zu hoffen, dass er sich nicht in einem sehr ungünstigen, weil gefährlichen Moment entlädt. Denn Reize in der Amygdala verursachen nicht nur Angst, sondern auch Aggression. Menschen und Tiere sehen auf einmal rot. Und dann wird das friedliche Fluchttier, das nur in Ruhe mit der Herde grasen will, zum Angreifer, weil es nicht verstanden wurde.

Aktion und Reaktion: In einer Angst- oder Stresssituation muss etwas geschehen. Das Gehirn antwortet immer und auf alles.

Wenn wir bedroht werden oder plötzlich Angst bekommen, zieht die Amygdala sämtliche Ereignisse, die während der Bedrohung geschehen – ob echt oder nur gefühlt –, ungesehen und unüberprüft zusammen. Es ist, als greife sie in der bedrohlichen Situation – bildlich gesprochen – nach allen vier Tischtuchzipfeln eines gedeckten Tisches und stopfe das gesamte Geschirr, die Vase mit den Blumen, die Essensreste, die Tischdekoration, die Kerzen, das Besteck und auch die Servietten und die vollen Rotweingläser zusammen in eine Kiste. Sogar die CD mit der Musik, die gerade läuft, und alle Düfte im Raum packt sie dazu.

Darauf schreibt sie »Gefahr, verlassen zu werden«. Oder »Gefahr körperlicher Gewalt«, »Gefahr vor Verletzung«. Anschließend fühlen wir uns irgendwie leer und haben keine deutliche Erinnerung an diese Situation, können aber scheinbar unbeschadet weiterleben.

Bei einer gefühlten oder echten Bedrohung werden also sämtliche bewussten Hirnteile ausgeschaltet und die Amygdala ergreift das Kommando. Das ist auch sehr sinnvoll, denn es geht ja darum, uns so schnell wie möglich in Sicherheit zu bringen. Das Gehirn verlässt sich lieber auf die uralten, erprobten Überlebensinstinkte als auf langwierige bewusste Entscheidungsprozesse (wobei wir Letztere als Kind sowieso nicht leisten können). So weit ist das alles wunderbar und genau richtig.

Werden wir getröstet, durch uns selbst oder durch andere, erlauben wir uns zu weinen, wütend zu werden oder zu trauern, dann läuft die emotionale Welle aus und wir kommen wieder ins Gleichgewicht. Die Stresshormone werden abgebaut und alles ist wieder gut. Die gedachte Kiste wird wieder ausgepackt, alle Teile werden an ihren Platz geräumt und von der Erinnerung an die bedrohliche Situation befreit. Gefühle und Ereignis werden voneinander entkoppelt. Die Tischdecke ist die Tischdecke, die Musik ist die Musik, ohne negative Erinnerung an eine Verletzung oder eine Bedrohung. Wir machen die sehr hilfreiche Erfahrung: Unangenehme Dinge passieren, aber wir werden gehalten und getröstet, entweder von uns selbst oder, wenn wir noch Kind sind, von liebenden Erwachsenen. Und irgendwann ist alles wieder gut.

Das Gute ist: Wenn all das, was in dem jeweiligen Angstmoment so dringend nötig gewesen wäre, nicht stattgefunden hat, können wir es heute als der Erwachsene, zu dem wir herangereift sind, für uns selbst nachholen: Wir können uns selbst Sicherheit und Trost geben und damit die überlebensnotwendige Vermeidungshaltung auflösen. Unser Gehirn erkennt: Ich bin jetzt in Sicherheit. Die emotionale Wunde kann heilen. Zu dem Verbündeten zu werden, den wir als Kind so sehr gebraucht hätten, macht uns frei, gute Entscheidungen zu treffen, die das eigene Lebensglück fördern statt behindern.

3. Anschauen und unseren inneren Anteilen begegnen

Natürlich wollen wir erwachsen, vernünftig und kompetent sein. Sind wir ja auch. Aber eben nicht nur. Damit weniger gereifte innere Anteile nicht die Entfaltung unseres Lebensentwurfs stören, wird es Zeit für eine innere Neuordnung.

Was sind innere Anteile?

Nach dem Modell der Transaktionsanalyse des US-amerikanischen Psychiaters Eric Berne haben wir alle verschiedene innere Anteile, die Unterschiedliches wollen und können. Letztlich bezeichnen diese Anteile einfach verschiedene Gehirnareale. Damit man besser damit arbeiten kann, nutzt man bildhafte Bezeichnungen als Hilfsmittel und spricht zum Beispiel vom »Inneren Kind« oder dem »Inneren Erwachsenen«. Oder von hemmenden Anteilen wie dem »Inneren Kritiker« oder dem »Inneren Schweinehund«, die uns durch Kritik und Trägheit im Wege stehen.

Wie gut, wenn unsere inneren Anteile Freunde sind, die sich gegenseitig den Vortritt lassen, je nachdem, wer gerade gebraucht wird.

Es hilft, so zu tun, als wären unsere inneren Anteile wie Personen, mit denen wir reden können. Wir können sie direkt ansprechen, das ist auch wichtig, damit sie sich gemeint fühlen. Denn unsere inneren Anteile brauchen vor allem eines: dass wir ihnen zuhören und ihnen ihre Angst nehmen – die Angst, die dafür sorgt, dass wir uns nicht weiterentwickeln und Entscheidungen treffen, die Freude und Erfüllung eher verhindern als erschaffen. Durch das bewusste Ansprechen aktivieren oder beruhigen wir die entsprechenden Hirnareale und bekommen so die Kontrolle darüber, wer in uns handelt und wer nicht. Das Ziel ist zu lernen, wie wir bewusst entscheiden können, welcher innere Anteil agiert und welcher nicht.

Wir können uns unsere inneren Anteile auch wie ein Rudel Schlittenhunde vorstellen. Schlittenführer ist der Mensch, der seine Entscheidungen trifft und die Richtung bestimmt.

EIN RUDEL SCHLITTENHUNDE

Unter den Schlittenhunden, die unseren Schlitten ziehen, gibt es sehr vernünftige, gut ausgebildete Hunde: wie den inneren Erwachsenen und andere selbstsichere und selbstbewusste innere Kräfte, zu denen wir noch im nächsten Kapitel kommen. Es gibt sehr junge Hunde, die zu klein sind, um in das Geschirr gespannt zu werden: das innere Kind in verschiedenen Altersstufen. Es gibt welche, die laufen einfach mit: Anteile, die gelernt haben, sich anzupassen und zu funktionieren. Und dann gibt es die von klein auf dressierten Schlittenhunde, die heute noch versuchen, den Schmerz alter Wunden zu vermeiden: die den Forderungen der nächsten Bezugspersonen angepassten inneren Anteile. Der Schlitten in diesem Bild ist unser Körper.

Solange wir Kind sind, hängt unser Schlitten an denen der Eltern. Das kann schwierig sein, wenn sie in unterschiedliche Richtungen ziehen. Dann folgen wir mal dem einen, mal dem anderen und fühlen uns ständig zerrissen. Durch diese Zerrissenheit haben wir gar keine Gelegenheit herauszufinden, welches der für uns richtige Weg sein könnte. Wir können die eigenen Schlittenhunde nicht so trainieren, dass sie den Schlitten dahin ziehen, wo wir selbst hinmöchten. Wir sitzen auf dem Schlitten, haben die Zügel in der Hand, doch wir lenken nicht.

> *Unsere Schlittenhunde sind von Natur aus darauf abgerichtet, die Spuren der Eltern zu erschnüffeln und ihnen zu folgen.*

Probieren wir es doch, so ziehen die abgerichteten Hunde vehement zurück in die Spuren der Eltern oder derer, die die Richtung bestimmten, als wir klein waren.

Wenn wir eine tolle Idee haben und die Zügel in die Hand nehmen wollen, macht uns eine innere Stimme die Sache sofort madig und nimmt uns jeden Mut. Und schon folgt der Lebensschlitten wieder den alten, vertrauten Spuren. In solchen Situationen haben wir unsere Selbstbestimmung an unsere unbewussten Konditionierungen und Ängste abgegeben. Und merken es nicht einmal. Denn die Ängste haben durchaus vernünftig klingende Argumente. Hinterfragt man diese Argumente allerdings auch nur ein klein wenig, dann erkennt man, wie weit hergeholt sie sind.

Weil sie nichts anderes kennen, laufen unsere Hunde den Spuren der Eltern nach. Oder überall dahin, wo es ähnlich riecht, sprich, wo wir ähnliche emotionale Erfahrungen machen. Selbst wenn sie unangenehm sind. Das ist unsere sogenannte Komfortzone – der Lebensbereich, den wir sehr gut kennen, auch wenn er sich nicht immer unbedingt komfortabel anfühlen mag. Aber wir fühlen uns im Vertrauten sicher wie in einem Paar alter Hausschuhe. Daran ist nichts schlecht. Es hilft nur nicht, in diesem Bereich stecken zu bleiben, wenn wir unser Leben positiv verändern und in Zukunft bessere Entscheidungen treffen möchten.

Wenn wir als Schlittenführer nie gelernt haben, den Schlitten selbst zu führen und die Richtung zu bestimmen, ist die Komfortzone für unsere inneren Schlittenhunde immer das erstrebenswerteste Ziel.

Wollen wir unser Leben selbstbestimmt gestalten, statt in der Vermeidung zu leben, dann brauchen wir eine gesunde Schlittenhundemeute mit einem starken Leithund. Er ist für den Schlittenführer ungeheuer wichtig, denn er muss sich auf das Tier an der Spitze seines Gespanns verlassen können. Der Schlittenlenker braucht einen Leithund, der ihn respektiert und seine Anweisungen blitzschnell umsetzt, statt ihn zu sabotieren und mit dem Schlitten nur den alten Spuren zu folgen. Nur wenn der Schlittenlenker, sein Leithund und die anderen Schlittenhunde ein echtes Team sind, können sie gemeinsam ihre Kraft und Ausdauer optimal nutzen.

Das innere Kind

Unmittelbares Erleben ist das Erste, was wir erfahren, wenn wir geboren werden. Ohne Reflexion oder inneren Abstand zu dem, was um einen herum und mit einem selbst geschieht. Dieses erste Erleben erfährt auch heutzutage noch das innere Kind, ungeschützt und ungefiltert, wenn wir nicht auf dieses Kind aufpassen. Unser inneres Kind ist der empfindsame, sehr emotionale und impulsive Anteil, der in einer Situation eher aus der Vermeidung von Beschämung und Schmerzen denn aus echter innerer Freiheit heraus handelt. Es ist der eigentlich noch viel zu kleine, verspielte Welpe, der Fürsorge und Schutz braucht und mit Verantwortung und Arbeit nichts anfangen kann. Wenn er vorne im Rudel mitläuft, bringt er alles durcheinander und schließlich zum Stillstand. Er gehört unter die warme Jacke des Schlittenführers.

WIE SICH DAS INNERE KIND ZEIGT

Wenn das innere Kind aktiv ist, haben wir meistens Angst. Unsere Gedanken kreisen ewig um das gleiche Thema und wir fühlen uns in einer Gedankenschleife gefangen, statt die Angst oder den Schmerz zu fühlen und ihn zu verarbeiten. Auch körperlich spüren wir die Anwesenheit des ängstlichen inneren Kindes: Wir atmen flach und sind angespannt, kneten die Hände.

Das innere Kind zeigt sich besonders in emotional ange-

Händeringen oder Händekneten dient oft dazu, den Bezug zum eigenen Körper nicht zu verlieren, und ist eine instinktive Angstreaktion.

spannten Situationen. Statt abstrakt denken zu können und die sachliche, nichtemotionale Ebene der eigenen Handlungen und Entscheidungen zu betrachten, fühlt sich der Kopf leer an. Klares Denken ist nicht möglich. Genauso wenig wie konstruktive Lösungen zu erkennen, anzunehmen oder umzusetzen.

Da unser inneres Kind unter allen Umständen Konflikte vermeiden will, reagieren wir viel emotionaler, als wir wollen und es der Situation angemessen ist. Statt bei Missverständnissen oder Problemen konstruktive Lösungen zu finden, sind wir mit unseren Gefühlen beschäftigt, sind beleidigt, fühlen uns übergangen, reagieren persönlich. Dabei ist es sinnvoll, Gefühle auszudrücken. Doch nicht, sie auszuagieren, sondern sachlich zu bleiben.

Wenn sich unser inneres Kind zeigt, fühlen wir uns bedürftig und können nicht frei heraus sagen, was wir wollen und was nicht. Wir haben Angst, bei anderen anzuecken oder von ihnen abgelehnt zu werden. Vor allem das Neinsagen ist schwer, wenn wir aus dem inneren Kind heraus agieren. Wir können uns nicht von anderen abgrenzen und wir können nicht unterscheiden, ob wir überhaupt gemeint sind oder nicht: Wir glauben zum Beispiel, alle reden über uns.

Außerdem ist das innere Kind in uns so verletzlich, dass es in seiner Unschuld nicht erträgt, dass anderen Böses widerfährt. Es kann mit dem Schmerz der Welt nicht umgehen. Deshalb versuchen wir, wenn das innere Kind aktiv ist, anderen den Schmerz abzunehmen oder ihn zu lindern. Wir lassen uns sehr schnell von den Emotionen anderer Menschen anstecken und überrollen und verlieren dadurch unsere Handlungsfähigkeit. Wir fühlen uns, obwohl wir es besser wissen, abhängig vom Urteil anderer und versuchen, es anderen recht zu machen.

Das innere Kind zeigt sich aber auch in einer geringen Bereitschaft, Verantwortung zu übernehmen. Oder genauer: in der unzureichenden Fähigkeit dazu. Denn fast immer trägt das innere Kind so schwer an der Verantwortung, die ihm in der

Kindheit aufgebürdet wurde, dass es gar keine weitere Verantwortung mehr auf sich nehmen kann.

Auch Sprunghaftigkeit ist ein typisches Symptom dafür, dass das innere Kind in Aktion ist. Dann tun wir viel lieber das, worauf wir gerade Lust haben, statt die Geduld aufzubringen, an einer Sache dranzubleiben, die uns wichtig ist und zu der wir einmal Ja gesagt haben. Das gilt auch für Beziehungen! Agieren wir aus dem inneren Kind heraus, dann beziehen wir die Gefühle anderer auf uns. Besonders die negativen. Wir glauben dem anderen nicht einmal, dass sein Ärger, seine Wut, seine Abwehrhaltung gar nichts mit uns selbst zu tun haben.

Das angepasste, ängstliche Kind in uns verhindert, dass wir unser Leben selbstbestimmt gestalten und echte Freude erleben.

Unser inneres Kind zeigt sich durch:

- Schmollen und damit die anderen kontrollieren, wenn einem etwas nicht passt. – Statt sich klar zu äußern.
- Verhaftet bleiben in einer Situation, die einem nicht gefällt, aus Angst vor negativen Reaktionen und einer unsicheren Zukunft. – Statt die eigenen Optionen mit klarem Kopf und Herz und Verstand zu prüfen.
- Aufopferung für andere, bis man selbst nicht mehr kann. – Statt zunächst für sich selbst zu sorgen, damit die anderen nicht für einen sorgen müssen.
- Es allen recht zu machen. – Statt ein verlässlicher Partner zu sein, der zu dem steht, was er wirklich will, fühlt und denkt.
- Alles allein zu machen, weil man niemandem vertraut. – Statt um Hilfe zu bitten und damit viel handlungsfähiger zu sein.
- Ja zu sagen, wenn man eigentlich ein Nein spürt, aus Angst vor Zurückweisung, Verletzung oder Liebesentzug. – Statt freundlich und authentisch den eigenen Standpunkt zu formulieren.

WAS DAS INNERE KIND BRAUCHT

Doch natürlich hat das innere Kind auch wundervolle Seiten, die es wert sind, gelebt zu werden: Es ist lebensfroh und hat tolle Ideen, die unser Leben bereichern und bunter machen, es lässt uns lebendiger, freier und unkonventioneller sein. Gerade deshalb ist es so wichtig, ihm einen guten Platz in unserem Inneren zu geben.

Ihm einen guten Platz geben heißt: einen sicheren inneren Raum schaffen. Das darf ruhig ein fantasievoller und kindgemäßer Raum sein, zum Beispiel ein wunderschöner Garten oder ein verwilderter Park mit Tieren, wo das Kind spielen kann, während der Große sich um alles kümmert. Denn es braucht auch jemanden, der es beschützt. Es braucht die Erlaubnis zu sagen, was es will. Und jemanden, der ihm das auch erfüllt – der innere Erwachsene. Es braucht Auszeiten, in denen es spielen darf, und die Möglichkeit, auch mal was Verrücktes zu tun. Oder sich auszuruhen, nichts zu leisten, sondern die Seele baumeln zu lassen. Wie dieser Ort aussehen kann und wie wir ihn für unser inneres Kind finden, erfahren wir im Kapitel zur Selbstrettung ab Seite 153 ff.

Unser inneres Kind ist einsam. Wenn wir ihm keine gute fürsorgliche Kraft zur Seite stellen, wird es sich nicht zeigen.

Wenn unser inneres Kind etwas nicht will, wenn es Angst hat, sich verletzt fühlt oder Lust hat, etwas Bestimmtes zu tun, dann muss es gehört werden. Wie machen wir das? Indem wir zunächst anerkennen, dass es ein realer innerer Anteil ist, der sich meldet, ob uns das gefällt oder nicht. Es ist ein Gehirnteil und lässt sich deshalb nicht einfach ignorieren. Entweder wir haben ein ungehörtes und damit ungehütetes inneres Kind oder ein wahrgenommenes. Das ungehütete, nicht beachtete innere Kind wirkt im Verborgenen und sabotiert unsere Lebensentscheidungen. Das durch uns gehörte und in uns gehütete innere Kind schenkt uns hingegen Lebensfreude, Kraft und Lebendigkeit.

Mit der nachfolgenden inneren Reise verbringst du bewusst Zeit mit diesem so wichtigen und lebendigen inneren Anteil. Du lernst dein inneres Kind kennen und gibst ihm die Chance, dich kennenzulernen. Damit legst du den Grundstein für eure Beziehung.

ÜBUNG: UNSEREM INNEREN KIND BEGEGNEN

- *Setze oder lege dich entspannt hin. Wenn du stärker geführt sein möchtest, lass dir die innere Reise vorlesen oder sprich sie dir auf Band.*
- *Gehe in deiner Vorstellung durch ein Tor in eine Landschaft, in der du dich wohlfühlst. Entspanne dich hier.*
- *Stell dir vor, du siehst ein Kind. Es darf anders aussehen als du, es darf auch nur schemenhaft sein. Lass es sein, wie es ist, es ist genau richtig so, wie du es dir vorstellst.*
- *Gehe in Gedanken auf das Kind zu, begrüße es und sage ihm: »Ich sehe dich, ich höre dich und ich nehme dich wahr.«*
- *Beobachte, wie das Kind auf dich reagiert. Egal, was es tut, es ist alles richtig.*
- *Sei dir darüber bewusst, dass dieses Kind dich noch nicht gut kennt und deshalb vielleicht dir gegenüber noch scheu ist. Doch das wird immer besser, je öfter du ihm begegnest.*
- *Wenn du etwas für das Kind tun kannst, dann tu das. Nimm es in den Arm, wenn es das will, setze dich einfach zu ihm oder spiele mit ihm.*
- *Wenn du das Gefühl hast, dass das Kind für heute genug hat, verabschiede dich liebevoll und versprich ihm, bald wiederzukommen. Und dann tu das auch!*
- *Schließe die Übung ab und lass sie nachklingen.*

Der innere Erwachsene

Wenn ein Kind geboren wird, ist es ein fühlendes, bedürftiges und unbewusstes Wesen. Es lernt, sich so zu verhalten, dass es nicht auffällt. Dass es versorgt wird und Liebe und Aufmerksamkeit bekommt. Das ist vollkommen natürlich, denn Kinder sind ja davon abhängig, dass sie versorgt werden. Das echte, unverfälschte Ich kann sich jedoch nur so gut entwickeln, wie es die Eltern und die Umstände erlauben. Deshalb gibt es bei vielen Menschen Bereiche, die sie entweder gar nicht kennen oder nie leben durften, obwohl sie zu ihnen gehören und ihr ureigenes Wesen ausmachen.

In diesen Bereichen haben wir ein sogenanntes psychologisches Konstrukt entwickelt, ein angepasstes Ich. Das ist völlig normal und hat uns geholfen, die Kindheit und Jugend gut zu überstehen. Dieses angepasste psychologische Konstrukt haben wir so verinnerlicht, dass wir oft gar nicht bemerken, dass wir ein erlerntes Muster abspulen und dass wir weit entfernt davon sind, echte Entscheidungen zu treffen. Das macht es so schwierig. Denn diese sogenannte »Persona« funktioniert im Alltag oft sehr gut. Sie bedient die Anforderungen, die an uns gestellt werden, auch die unangemessenen.

Wenn das so gut funktioniert, warum sollten wir dann erwachsen werden? Das klingt ohnehin nicht sehr erstrebenswert. Sondern nach Vernunft, langer Weile, Angepasstheit. Danach, funktionieren zu müssen und sich deshalb zu verleugnen – und nicht mal mehr das Eis zur Belohnung zu bekommen, mit dem wir als Kind bestochen wurden. Aber es ist nicht sinnvoll, innerlich nur Kind zu bleiben wie eine Pippi Langstrumpf. Denn selbst Pippi hat einen Erwachsenen, der auf sie aufpasst und ihr

Halt gibt. Was wäre sie ohne ihren Vater, den sagenhaft reichen Südseekönig? Es ist sein Geld, von dem sie lebt, und er ist es, an dem sie sich misst. Er gibt ihr Halt und Orientierung – und das brauchen Kinder.

Wenn Pippi weder den Vater noch die Goldtaler und ihre physische Stärke hätte, geriete auch sie schnell in Schwierigkeiten. Deshalb ist es wichtig, die eigene Kraft des Erwachsenseins, das heißt die eigene Unabhängigkeit bewusst zu erkennen. Um sich für das einsetzen zu können, was wir wirklich wollen. Wir müssen im besten Sinne des Wortes erwachsen werden, damit wir gut für uns selbst sorgen und uns selbst Sicherheit geben und ein Leben in innerer Freiheit und Selbstbestimmung führen können.

Der innere Erwachsene gestaltet sein Leben selbstbestimmt und verantwortungsbewusst. Er kennt sich und die eigenen Bedürfnisse, er weiß, was er kann und was er will. Und verhält sich dementsprechend. Im Gehirn sitzt er im präfrontalen Kortex, in der Großhirnrinde hinter der Stirn. Er ist das Alphatier im Rudel. Er empfängt die Kommandos des Schlittenführers und setzt sie im Rudel um. Er sorgt für Ordnung und Disziplin, gibt Tempo und Richtung vor. Alle anderen Hunde folgen ihm.

> *Damit wir unserem inneren Kind geben können, was es braucht, nämlich unseren Schutz, unsere Liebe, unsere Aufmerksamkeit, müssen wir in uns die Kraft entwickeln, die in der Lage ist, das zu tun. Und das ist der innere Erwachsene.*

WIE SICH DER INNERE ERWACHSENE ZEIGT

Der innere Erwachsene sorgt dafür, dass die anderen Anteile Spaß haben können und dabei in Sicherheit sind. Weil er anderen Menschen Grenzen setzen kann. Das heißt nicht, dass er das gern tut. Aber er kann es. Er ist in der Lage, innere und äußere

Konflikte auszuhalten und sie zu lösen, indem er auch die Standpunkte anderer Menschen mit einbezieht. Ohne recht haben zu müssen oder sich angegriffen zu fühlen. Wenn der innere Erwachsene in uns wirksam ist, dann können wir unbequeme Entscheidungen treffen und die Konsequenzen tragen. Wir sind imstande, mit den Unsicherheiten des Lebens umzugehen und uns selbst zu behaupten, wir können Verantwortung für uns und auch für andere tragen. Wir bleiben handlungsfähig und können Entscheidungen treffen. Auch bei Stress und sogar dann, wenn wir Angst haben.

Wahres Erwachsensein heißt, in jedem Moment neue Entscheidungen treffen zu können, weil wir in der Lage sind, mit den Folgen unserer Entscheidungen zu leben. Selbst mit den unangenehmen.

Wenn wir aus dem inneren Erwachsenen heraus agieren, sind wir zuverlässig. Was wir sagen, tun wir auch, sei es für andere oder für uns selbst. Der innere Erwachsene kann klar denken und lässt sich nicht von Gefühlen überwältigen. Gleichzeitig ist er mitfühlend, für sich und für andere.

Der innere Erwachsene kann ...

... bewusst und mitfühlend agieren
... authentisch und zuverlässig sein in dem, was er sagt und tut, und das für sich selbst und für andere
... innere und äußere Konflikte aushalten und sie unter Einbeziehung der Standpunkte aller Beteiligten lösen
... mit den Unsicherheiten des Lebens umgehen und sich selbst behaupten
... anderen Grenzen setzen
... Verantwortung für sich und andere tragen
... auch unangenehme Entscheidungen treffen
... auch bei Stress und Angst handlungsfähig bleiben, ohne sich von Gefühlen überwältigen zu lassen

ERWACHSENWERDEN ALS SCHLÜSSEL ZU INNEREM FRIEDEN

Wenn wir das Gefühl haben, der Leithund in unserem Rudel ist taub gegenüber dem, was wir ihm sagen, dann wird es Zeit, ihn auszutauschen. Gegen den inneren Erwachsenen. Der eignet sich nämlich ganz hervorragend dafür, die eigenen Ziele, Wünsche und Träume in die Tat umzusetzen. Aus der Position des inneren Erwachsenen heraus können wir Alltagssituationen, in denen wir uns normalerweise unwohl fühlen, viel besser handhaben. Die schlechten und zum großen Teil unbewussten Gefühle, die uns sonst am klaren Denken hindern und uns entmutigen, werden neutraler. Wir können viel besser entscheiden, was wir tun wollen. Oder eben nicht mehr tun wollen.

Aber wie verpflichten wir nun den inneren Erwachsenen als unseren neuen »Leithund«?

> Wenn wir nicht bewusst auf den inneren Erwachsenen »umschalten«, wirkt unbewusst immer das innere Kind mit all seinen Verletzungen und mischt sich in unsere Entscheidungen ein.

Indem wir uns ganz bewusst mit ihm verbinden. Zunächst mal durch innere Bilder, wie die Übung mit dem Lichtschalter von Seite 65 oder die nachfolgende Übung mit dem leeren Stuhl, mit der wir uns für einen Moment in die Kraft des inneren Erwachsenen setzen und sie in uns groß werden lassen. Durch diese Übungen erleben wir ganz bewusst den Erwachsenen in uns und verknüpfen in unserem Gehirn verschiedene Anteile miteinander, die es immer leichter machen, aus dem inneren Erwachsenen heraus zu agieren. Je öfter wir diese Übung machen – immer dann, wenn wir sie brauchen, oder auch jeden Morgen als Start in den Tag –, desto mehr können wir diese Verbindung verinnerlichen und automatisieren.

Durch die nachfolgende Übung trittst du in einen Dialog mit deinem inneren Erwachsenen. Sie hilft dir bei der Entscheidung, wer in dir den Schlitten lenken soll.

ÜBUNG MIT DEM LEEREN STUHL: DIALOG MIT DEM INNEREN ERWACHSENEN

- *Stell zwei Stühle einander gegenüber auf. Auf dem leeren Stuhl sitzt in deiner Vorstellung dein innerer Erwachsener, du selbst in deiner Gesamtheit auf dem anderen.*
- *Beobachte, wie es dir geht. Wie atmest du? Tief, flach, schwer oder leicht?*
- *Sprich aus, was du sagen möchtest.*
- *Beobachte, wie es dir geht, nachdem du das gesagt hast.*
  - *Kannst du besser atmen?*
  - *Geht es dir womöglich schlechter?*
    Auch das darf sein. Es geht um den Kontakt mit dir selbst, nicht darum, dass du dich sofort anders fühlst. Das alles ist gut. Lass es sein, wie es ist.
- *Wechsle dann bitte den Stuhl. Atme tief und ruhig, lass dir Zeit anzukommen.*
- *Stell dir vor, du bist jetzt wirklich dieser innere Erwachsene. Wenn dir das schwerfällt, dann denke an den Lichtschalter in deinem Gehirn. Nutze ihn und schalte das Licht hinter der Stirn an. Beobachte, wie es dir jetzt geht:*
  - *Willst du deinem Gegenüber etwas sagen?*
  - *Welche Kraft hast du hier, die du sonst nicht spürst?*
  - *Lass diese Kraft in dir größer werden, indem du dir vorstellst, sie dehnt sich aus.*
- *Beende die Übung, indem du aufstehst und in der Kraft des Erwachsenen bleibst.*

WAS DER INNERE ERWACHSENE BRAUCHT

Dem inneren Erwachsenen hilft es, sich selbst daran zu erinnern, was er schon alles in seinem Leben geschafft hat. Den Satz »Ich darf und kann meinen Weg so gehen, wie er für mich richtig ist« können wir gar nicht oft und laut genug sagen, denken und aufschreiben. Dadurch unterstützen wir den inneren Erwachsenen und machen ihm Mut.

Solche hilfreichen Sätze, die wir laut oder im Stillen vor uns hinsprechen, sind positive Affirmationen, mit denen wir uns selbst Mut machen können. Das Gegenteil praktizieren wir bereits sehr erfolgreich. Denn negative Affirmationen, mit denen wir uns das Leben schwer machen und uns blockieren, kennen wir alle zur Genüge. »Ich kann das sowieso nicht« oder »Ich muss immer alles alleine machen« und so weiter. Positive Affirmationen sind ein bewusst gesetztes gedankliches Gegengewicht zu diesem Genörgel im Kopf. Bewusst und wiederholt gedacht verändern sie das Denken, das Fühlen und damit auch das Handeln. Es ist, als würden wir durch diese Sätze im Gehirn bewusst Bereiche einschalten, in denen wir voller Tatkraft, Freude und Zuversicht sind.

Dabei müssen wir das, was wir uns selbst sagen, anfangs noch nicht mal glauben. Nur für möglich halten. Eine positive Affirmation ist eine Absichtserklärung, die wir vor uns selbst abgeben. Der innere Erwachsene braucht einen inneren Coach, der ihm Mut macht, der ihn anfeuert, der ihm sagt, dass er sein Leben meistern kann. Deshalb die positiven Affirmationen. Sie sind die Cheerleader, die ihm »Du schaffst das!« zujubeln.

Höre in dich hinein. Welche Ermunterung braucht dein innerer Erwachsener? Wie lautet dein idealer Satz? Die nachfolgenden Affirmationen kannst du übernehmen oder dazu nutzen, deinen eigenen Satz zu finden.

POSITIVE AFFIRMATIONEN FÜR DEN INNEREN ERWACHSENEN

- Ich darf und kann meinen Weg so gehen, wie er für mich richtig ist.
- Heute habe ich die Kraft für heute.
- Ich bin in Sicherheit.
- Ich vertraue dem Leben.
- Ich glaube an mich.
- Ich halte mein Glück für möglich.
- Ich gestalte mein Leben auf der Basis von Liebe und Freude.
- Ich treffe gute Entscheidungen und bin auch dabei in Sicherheit.

Sprich diese Sätze mehrmals am Tag laut aus und klopfe dabei mit Zeige- und Mittelfinger einer Hand gegen die Kinnspitze. Damit aktivierst du bestimmte Akupressurpunkte und die positiven Sätze wirken noch intensiver. Wie oft? So oft wie nötig.

4. Stärke entwickeln: Uns unserer inneren Kräfte bewusst werden

Wir haben so viel mehr Potenzial zur Verfügung, als uns bewusst ist. Wenn wir unsere inneren Kräfte kennen, können wir sie nutzen, um unser Leben zu gestalten. Und dazu sind sie ja da.

Was sind innere Kräfte?

Wir haben weiter vorn über das Rudel Hunde gesprochen, das den Lebensschlitten zieht. Der Leithund steht mit dem Schlittenführer, also mit uns beziehungsweise unserem Bewusstsein, in ständigem Austausch und setzt die Befehle des Bewusstseins für alle sichtbar um. Direkt hinter dem Leithund agieren die kräftigsten Hunde, die, die am besten ziehen können. Sie bewegen die Last des Schlittens. Das sind die inneren Kräfte. Sie sind unser wichtigstes Handwerkszeug, um alte Wunden zu heilen. Und das, indem wir nach und nach lernen, für uns selbst einzustehen, unser Leben aus eigener Kraft, unabhängig von anderen, zu meistern.

Je mehr wir durch die Entwicklung unserer inneren Kräfte auf eigenen Füßen stehen können, desto besser können wir aufhören, es anderen recht machen zu wollen, und unseren eigenen Weg gehen. Und die, die uns verletzen, hinter uns lassen.

Zu allen Kräften, die nachfolgend vorgestellt werden, gibt es eine kleine EFT-Übung mit einem Satz, der die jeweilige Kraft nachhaltig aktiviert (siehe dazu auch Seite 13). Lausche bei allen Sätzen in dein Inneres hinein, denn es ist wichtig, dass sich der Satz für dich stimmig anfühlt. Falls nicht, passe ihn für dich an (siehe Schritt 3). Die Übung ist immer gleich. Wir »massieren« uns mit Zeige- und Mittelfinger auf dem Herzen einen Kraftgedanken ein. Wenn dich der von mir vorgeschlagene Satz nicht berührt oder du ein inneres »Ja, aber« hörst, dann sprich den Satz trotzdem laut aus, aber ohne zu »kurbeln«. Frage dich dabei: Wie wäre der Satz für mich passend? Schreibe mehrere Versionen auf, so lange, bis es sich stimmig anfühlt. Es macht vielleicht ein wenig Mühe, den idealen Heilungssatz zu finden, doch es lohnt sich.

EFT-ÜBUNG

- *Lege Zeige- und Mittelfinger der rechten Hand auf das Herz (am besten auf die Haut, nicht auf die Kleidung).*
- *Vollziehe kleine Kreise im Uhrzeigersinn, also linksherum, auf der Haut, so als würdest du etwas ins Herz hineinkurbeln.*
- *Sprich mehrere Male den jeweiligen Satz dazu.*

Alternativ kannst du auch die nachstehenden, eher allgemein gehaltenen Heilungs- oder Kraftgedanken anwenden. Sie passen immer. Nutze die EFT-Übung auch für alle anderen Kraftgedanken in diesem Buch.

KRAFTGEDANKEN

- Heute habe ich die Kraft für heute.
- Ich bin ein Erfolg des Lebens. (Das sind wir, sonst wären wir nicht am Leben!)
- Ich vertraue mir.
- Ich glaube mir.
- Heute kann ich etwas tun, damit mein Leben besser wird.
- Heute kann ich durch meine Entscheidungen meinem Ziel ein Stück näher kommen.

Resilienz

Resilienz bedeutet so viel wie Widerstandskraft. In der Physik steht der Begriff für die Fähigkeit eines Systems, sich gegen Verformung von außen zu behaupten. Wie widerstandsfähig etwas ist, hängt stark von der Art der Einwirkung ab. Eine Glasscheibe hat zum Beispiel eine sehr geringe Resilienz, wenn man mit einem Hammer dagegenschlägt. Sie zerspringt in tausend Teile. Bei Hitzeeinwirkung ist sie hingegen extrem widerstandsfähig. Einem Gummiball machen die Hammerschläge wenig aus, aber er gibt bei Hitze schnell nach und verliert seine Form.

Wie widerstandsfähig unsere Psyche äußeren Einflüssen gegenüber ist, hängt also sehr von dem psychischen Material ab, aus dem wir gemacht sind. Der eine kommt gut mit Enttäuschungen oder Trennungen klar, wird aber schnell unsicher, wenn er zu wenig Geld hat und sich in seiner materiellen Existenz bedroht fühlt. Der andere kann mit sehr wenig Geld auskommen, bleibt also bei Geldmangel stabil wie der Gummiball, wenn man mit dem Hammer daraufschlägt. Aber wehe, er wird verlassen. Dann ist es, als würde jemand den Gummiball in einen heißen Backofen legen.

Es ist also wichtig, für uns selbst zu wissen, in welchen Bereichen wir Sicherheit benötigen, weil wir rasch unsere Form verlieren. In den Lebensbereichen, in denen wir Angst vor Veränderungen haben, ist die eigene Widerstandskraft nicht sehr ausgeprägt. Dort befinden sich mit ziemlicher Sicherheit alte Wunden.

> *In Bezug auf alte Wunden bedeutet Resilienz: Es gibt auch innere Anteile, die nicht verletzt sind, die stark sind und die wir für uns nutzen können.*

Aber es gibt auch innere Anteile, denen es gut geht, auf die Verlass ist. Deshalb ist es sinnvoll, sich anzuschauen, mit welchen Lebensbereichen wir gut klarkommen und wo wir Herausforderungen gut gemeistert haben. Die Lebensbereiche, in denen wir keine großen Schwierigkeiten haben, emotional stabil zu bleiben, kommen uns oft nicht besonders spektakulär vor. Wir bemerken selten, was schon gut läuft. Es läuft ja. Doch genau hier finden wir unsere tragenden Kräfte – die starken Schlittenhunde, die wir einspannen dürfen und sollten.

Es lohnt sich also, darüber nachzudenken, in welchen Bereichen wir etwas gut geschafft haben, was anderen schwerfallen könnte. Nutze dazu die folgenden Fragen und arbeite mit dem Kraftgedanken innerhalb der EFT-Übung, die du zu Beginn des Kapitels kennengelernt hast.

ÜBUNG: FRAGEN AN DEIN INNERES

Nimm dir dein Tagebuch oder ein Blatt Papier und beantworte dir die folgenden Fragen:
- *Womit kann ich gut umgehen?*
- *Was macht mir weniger aus, als es andere Menschen zu beschäftigen scheint?*
- *Was sind die inneren Stärken, auf die ich zurückgreifen kann?*
- *Wie kann ich diese Stärken besser nutzen?*

KRAFTGEDANKE

Im tiefsten Inneren ist alles in Ordnung.

Willenskraft

Sich die eigene Willenskraft zurückzuerobern ist sehr lohnend. Willenskraft setzt ungeahnte Energien frei. Wenn wir etwas wirklich wollen, sind wir in der Lage, Dinge zu tun, die wir bis dahin nicht für möglich gehalten haben.

Herauszufinden, was wir wollen, und dazu zu stehen gibt uns ein tiefes Gefühl von Erleichterung und innerer Ruhe. Und das strahlen wir auch aus. Ein Mensch, der weiß, was er will, und das auch tut, ist authentisch und zuverlässig. Er sagt Ja, wenn er Ja meint, und Nein, wenn er etwas nicht will. Denn der Wille verändert sich nicht alle fünf Minuten, er hat nichts mit dem wechselhaften Lustprinzip zu tun.

Der eigene Wille ist wie ein innerer Leitstrahl, dem wir folgen können oder nicht. Vorhanden ist er in jedem Fall.

Den eigenen Willen durchzusetzen kann unbequem sein, weil die damit verbundenen Entscheidungen anderen vielleicht nicht gefallen. Manchmal sind sie sogar schmerzhaft. Denn was, wenn der eigene Wille andere Menschen verletzt? Wenn er dazu führt, lieb gewonnene Gewohnheiten aufzugeben? Wenn er Angst macht, weil es bedeuten würde, den Beruf zu wechseln oder die Familie zu verlassen? Wo ist der Unterschied zwischen Egoismus und Selbsttreue, fragen wir uns und bleiben lieber im Alten, statt uns und anderen Veränderungen zuzumuten. Was sehr verständlich ist und manchmal auch richtig. Aber meistens nicht.

Es gibt ein sogenanntes »wissendes Feld« in jedem sozialen Gefüge, sei es der Familie, dem Freundeskreis oder der Arbeitsstelle. Weil der Mensch ein soziales Wesen ist, weiß das Herdentier in ihm, ob jemand am richtigen Platz steht oder nicht.« Das habe ich schon immer geahnt, dass du in Wahrheit nicht hierherpasst«, sagt der Kollege, nachdem man gekündigt hat. »Ich wusste, du sehnst dich nach Abenteuern«, sagt der Freund, wenn man sich auf die Reise nach Australien begibt.

Es fühlt sich unangenehm für alle an, wenn wir nicht tun, was wir wirklich wollen, und wenn wir offensichtlich am falschen Platz sind. Die Menschen in unserer Umgebung spüren, dass sie sich nicht wirklich auf uns verlassen können, weil wir Wackelkandidaten sind und eines Tages erwachen und gehen werden. Oder wir erwachen eben nicht und bleiben unzufrieden oder unglücklich.

Die dauerhafte innere Klarheit und Ruhe, die wir erleben, wenn wir uns selbst treu bleiben, sind jedes momentane Unbehagen wert.

> *Es braucht Übung zu erkennen, was wir wollen und was nicht. Aber es lohnt sich, sich die Mühe zu machen.*

Dabei geht es nicht nur um den einen großartigen Lebensentwurf. Sondern um alltägliche kleine Entscheidungen, die alle miteinander unsere Lebensqualität bestimmen. Es macht Mühe herauszufinden, was wir wollen, wenn wir es nicht gewohnt sind. Doch tun wir es nicht, sind wir den ganzen Tag über fremdbestimmt.

Außerdem lautet jedes Mal, wenn wir nicht tun, was wir wollen, die Botschaft an uns selbst: »Ich bin unwichtig.« Und das fühlen wir auch genau so: Das, was andere wollen, ist wichtiger als ich. Sogar für mich selbst. Meine Wünsche zählen nicht. Dieses Verhalten untergräbt auf Dauer unser Selbstvertrauen. Denn wie sollen wir uns selbst vertrauen können, wenn wir uns nicht zuhören? Wenn wir uns lieber zum Spielball der Bedürfnisse anderer machen, statt zu tun, was wir wollen?

Wir müssen nicht auf Knopfdruck wissen, was wir wollen, und uns auch nicht gleich entscheiden, wenn ein Anliegen an uns herangetragen wird. Wir haben das Recht, uns Zeit zu verschaffen. Sehr hilfreich kann dabei sein zu sagen: »Ich muss darüber nachdenken und brauche Zeit, um mich zu entscheiden.« Das ist ein legitimer Anspruch, den wir äußern können und dürfen.

Werden wir von anderen Menschen ungefragt verplant, dann ist es umso wichtiger, Stopp zu sagen. Dann könnte der Satz, mit dem wir uns Freiraum verschaffen, zum Beispiel lauten: »Moment, ich muss erst mal darüber nachdenken, ob ich das möchte/ob ich zur Verfügung stehe.«

Für die Heilung alter Wunden ist Willenskraft besonders wichtig. Denn sonst schaffen wir immer wieder die Möglichkeit, neu verletzt zu werden. Nein sagen zu können, zu wissen, was wir wollen und vor allem, was wir nicht wollen, schafft Selbstvertrauen. Und Selbstvertrauen erzeugt innere Heilung.

ÜBUNG: FRAGEN AN DEIN INNERES

Nimm dir dein Tagebuch oder ein Blatt Papier und beantworte dir die folgenden Fragen:
- *Woran merkst du, dass du etwas wirklich willst?*
- *Woran merkst du, dass du etwas auf gar keinen Fall willst?*
Woran merkst du es wirklich?
- *Vertraust du diesen Wahrnehmungen?*
- *Was wird anders, wenn du dich entscheidest, ihnen rückhaltlos zu vertrauen? Und ihnen zu folgen?*

KRAFTGEDANKE

Ich weiß, was ich will, und stehe für mich ein. Ich bin dabei in Sicherheit.

Fokus

»Energie folgt der Aufmerksamkeit« ist ein Satz, den das Marketing sehr gut kennt. Ständig buhlt und wirbt jemand um unsere Aufmerksamkeit, will ein paar Minuten unserer Zeit für seine Sache. Um uns etwas zu verkaufen, um unser Mitgefühl, unser Engagement zu wecken. »Schenken Sie uns nur fünf Minuten Ihrer Zeit…« Lebenszeit, wohlgemerkt. Unsere Zeit hier auf der Erde. Die Zeit, in der wir lieben, jemanden küssen, glücklich sein, ein Kind zeugen oder unseren Garten bepflanzen könnten.

Wenn Marketingforscher Millionen dafür ausgeben herauszufinden, wie sie uns beeinflussen können, damit unsere Aufmerksamkeit sich auf ein bestimmtes Produkt richtet, dann sollten wir eines daraus lernen: Unsere Aufmerksamkeit ist ein kostbares Gut. Jeder will sie haben. Jeder versucht, uns dazu zu verführen, ihn und sein Anliegen zu bemerken.

Es erfordert eine bewusste Entscheidung, bei der Sache zu bleiben, die Tür hinter sich zu schließen und fokussiert zu sein.

> *Die Welt ist laut und voller Ablenkungen. Multitasking scheint eine erstrebenswerte Fähigkeit zu sein. Doch sich wirklich auf eine Sache konzentrieren zu können ist viel wertvoller.*

Auf das, was wir tun, jetzt in diesem Moment – das heißt: keine Ablenkungen, keine Nebenschauplätze, keine unnötigen Komplikationen. Keine sozialen Dienstleistungen in Form von »eben mal schnell zuhören«, »rasch was dazu sagen«, ein Telefonat entgegennehmen, sich eine Klage anhören.

Sich zu fokussieren heißt, sich auf das zu konzentrieren, was wir gerade tun, weil es nichts anderes verdient hat als unsere volle Aufmerksamkeit.

Diese volle Aufmerksamkeit setzt ungeahnte Kräfte frei, denn Handlung, Gefühl, Absicht und Gedanke sind dadurch deckungsgleich. Wir können uns dabei die eigene Aufmerksamkeit vorstellen wie einen Lichtstrahl, und dieser Strahl ist auf unser Ziel gerichtet. Wie ein Auto mit seinen Scheinwerfern, die ihm den Weg erhellen und es zugleich sichtbar für andere machen. Sind wir unkonzentriert, dann schwenkt dieser Aufmerksamkeits-Lichtstrahl mal hierhin, mal dorthin. Wir sehen zwar viel von der Gegend, doch nicht den eigenen Weg. Das ist auch in Ordnung so, wir können das so machen. Es muss uns nur klar sein. Wie bei dem Rudel Hunde: Will ich sie spielen und herumtoben lassen oder mit dem Schlitten an meinem Ziel ankommen? Sich zu konzentrieren und bei der Sache zu bleiben ist nicht zuletzt Übungssache. Dabei hilft Meditation. Atemübungen helfen auch. Besonders hilfreich ist es, mit sich selbst eine Zeit auszumachen. Wie lange will ich mich dieser Aufgabe widmen und mich dabei nicht stören lassen? Was ist realistisch? Einem bestimmten Projekt eine Viertelstunde ungeteilte Aufmerksamkeit zu schenken erzielt bessere Ergebnisse als eine halbherzige Stunde, in der wir immer wieder abgelenkt werden.

Fokus in Bezug auf die Heilung alter Wunden bedeutet, sich nicht durch Vermeidungsstrategien ablenken zu lassen. Von den eigenen oder von denen anderer. Denn es kann sehr gut sein, dass wir auf unserem Weg die alten Wunden anderer berühren. Wir wollen abnehmen, sind mit unserer Diät erfolgreich und berühren damit alle, die das nicht geschafft haben. Sie stellen ungefragt Süßigkeiten auf den Tisch, nötigen uns, dieses eine Stück Kuchen zu essen: »Du kannst es dir doch leisten!«, sagen sie. Nein, das können wir nicht. Den Fokus zu halten heißt, sich nicht verführen zu lassen. Es heißt: »Ich halte mir selbst die Treue, indem ich unbeirrt den Weg gehe, den ich für mich als richtig erkenne.«

Führe ein Fokus-Tagebuch. Schreibe dir jeden Tag auf, worauf du dich heute bewusst konzentriert hast und wie das Ergebnis war. Du wirst sehen, es lohnt sich.

ÜBUNG: FRAGEN AN DEIN INNERES

Nimm dir dein Tagebuch oder ein Blatt Papier und beantworte dir die folgenden Fragen:

- *Wie fühlst du dich, wenn du dich für einige Zeit wirklich auf eine Sache konzentrierst?*
- *Kannst du erkennen, wie groß deine Kraft ist, wenn du bei der Sache bleibst? Wie effektiv du bist? Und wie befriedigend es ist, eine Sache mit voller Aufmerksamkeit zu tun, sei es etwas, das auch für andere wichtig ist, oder ein Spaziergang nur für dich?*
- *Lässt du dich schnell von dem ablenken, was du für dich als wichtig empfindest?*
- *Wie könntest du dafür sorgen, dass du genügend Zeit für das hast, was dir wichtig ist?*
- *Wie könntest du unnötige Störfaktoren beseitigen?*
- *Wie könntest du die Willenskraft aufbringen, das auch wirklich zu tun?*

> **KRAFTGEDANKE**
>
> Ich konzentriere mich auf das, was ich will, und gehe meinen eigenen Weg. Ich bin dabei in Sicherheit.

Beharrlichkeit

Einmal zu wissen, was wir wollen, und uns darauf zu fokussieren ist der Grundbaustein für jede Veränderung. Im nächsten Schritt kommt es darauf an dranzubleiben: Das heißt, sich beharrlich auf das einmal gewählte Ziel zu konzentrieren und nicht wankelmütig nach Lust und Laune die Richtung zu ändern. Das ist oft schwer, wenn sich uns Widrigkeiten in den Weg stellen, wenn unser inneres Kind dominiert oder sich die inneren Saboteure melden. Der Kritiker, der sagt: »Das schaffst du doch sowieso nicht.« Oder der Schweinehund, der grummelt: »Bleib mal lieber bei den Leisten, Schuster, und entspann dich!«

Wenn es darum geht, sich einen neuen Weg zu bahnen, sind »Durchhalten, Weitermachen und Nichtaufgeben« die entscheidenden Strategien und Kräfte. Es geht nicht ohne Beharrlichkeit, wollen wir ein neues Verhalten erlernen, wie zum Beispiel mit dem Rauchen aufhören oder regelmäßig Sport treiben. Beharrlichkeit macht uns zuverlässig, das Gegenteil davon ist Wankelmut. Ohne Beharrlichkeit würde ein Kind überhaupt nie lernen zu laufen, zu sprechen oder sich die Schuhe zu binden.

Wenn wir von uns selbst wissen, dass wir nicht aufgeben, sondern dranbleiben, wenn uns etwas wichtig ist, können wir uns auf uns selbst verlassen.

Beharrlichkeit zahlt sich aber nur aus, wenn wir das Ziel auch wirklich erreichen wollen. Und wenn es erreichbar ist. Denn Beharrlichkeit kann in Verbissenheit umschlagen, wenn wir etwas so sehr wollen, dass wir nicht bereit sind anzuerkennen, wann ein Ziel losgelassen werden sollte. Oder in Bitterkeit, wenn wir aus Angst darauf beharren, keine alten Wunden zu haben, die es zu heilen gibt, keine

Gefühle, die es zu fühlen gibt, kein inneres Kind, das die Fürsorge des inneren Erwachsenen braucht.

ÜBUNG: FRAGEN AN DEIN INNERES

Nimm dir dein Tagebuch oder ein Blatt Papier und beantworte dir die folgenden Fragen:

- *Verbeiße ich mich manchmal in ein Ziel, von dem mir Menschen abraten, deren Einschätzung ich vertraue?*
- *Lasse ich Ziele zu schnell los, weil mein innerer Kritiker oder mein innerer Schweinehund das Ruder übernehmen?*
- *Kann ich etwas durchstehen, wenn es mir wichtig erscheint? Auch und besonders für mich selbst?*
- *Welche Erfolge kann ich verbuchen, was habe ich durch Beharrlichkeit erreicht?*

> **KRAFTGEDANKE**
>
> Ich bleibe dran an dem, was für mich wirklich wichtig ist. Ich bin dabei in Sicherheit.

Unterscheidungskraft

Kinder sind aufgrund der noch fehlenden Hirnreifung nicht in der Lage, bewusst zu unterscheiden, was mit ihnen selbst zu tun hat und was nicht. Sie können also in Bezug auf das unangemessene Verhalten oder die übertriebenen emotionalen Reaktionen eines anderen nicht differenzieren. Gleichzeitig haben sie ein inneres Gefühl für Richtig und Falsch. Nicht bewusst. Und nicht im moralischen, sondern im emotionalen Sinne. Wir alle kommen mit einem inneren Kompass zur Welt, von dem bereits die Rede war. Und mit im Stammhirn und im Körper angelegten Erwartungen an unseren Lebensraum, mit der berechtigten Erwartung zum Beispiel, in eine Atmosphäre hineingeboren zu werden, in der es Sauerstoff gibt. Mit der Erwartung, dass wir auf Gegebenheiten treffen, die wir brauchen, um zu reifen: auf Geborgenheit, Sicherheit und positive Zuwendung, wie das Lächeln unserer Mutter, die uns ihre Liebe und Freude zeigt. Dieses Wissen darüber, was wir brauchen und was angemessen ist, könnten wir auch Bauchgefühl nennen. Auch unser gesunder Menschenverstand kann zwischen angemessenem und unangemessenem Verhalten unterscheiden, sofern wir uns nicht von vorgefertigten Meinungen leiten lassen. Er ist die Gegenstimme zur Angst, die aus Sorge vor Verletzungen immer zur Vermeidung rät. Jedes Mal, wenn wir der Stimme der Angst folgen, fühlt sich das sicher an, aber auch unlebendig und hoffnungslos. Sie ist eine Spielverderberin, selbst wenn sie noch so vernünftig klingt.

> *Wir alle haben eine innere Unterscheidungskraft. Die meisten von uns hören nur nicht darauf und glauben sich selbst nicht.*

Vergangene Kränkungen, die noch immer nachwirken und unsere Entscheidungen bis heute beeinflussen, können nur heilen, wenn wir uns bemühen, unsere Unterscheidungskraft zu nutzen. Damit wir heute erkennen, was damals mit uns zu tun hatte und was nicht. Und damit wir in der Lage sind, für uns selbst zu tun, was wir damals nicht konnten: zu erkennen, wofür wir verantwortlich sind, das zu ändern und alles andere hinter uns zu lassen.

ÜBUNG: FRAGEN AN DEIN INNERES
Nimm dir dein Tagebuch oder ein Blatt Papier und beantworte dir die folgenden Fragen:
- *Weiß ich, wann in mir die Stimme der Angst ertönt und wann ich meinen gesunden Menschenverstand nutze?*
- *Woran erkenne ich den Unterschied?*
- *Kenne ich mein Bauchgefühl? Habe ich schon erlebt, dass es recht hatte und ich ihm vertrauen kann?*
- *Bin ich bereit und mutig genug, der Stimme meines Bauches mehr zu vertrauen und entsprechend zu handeln?*
- *Was wäre dann in meinem Leben anders?*

KRAFTGEDANKE

Ich vertraue dem, was ich weiß. Ich glaube mir selbst und bin dabei in Sicherheit.

Intuition

Der Wissensschatz, auf den wir zugreifen können, ist viel größer, als uns bewusst ist. Manchmal kommen wir ganz unvermittelt zu erstaunlichen, für uns selbst oft nicht nachvollziehbaren und doch fast immer stimmigen Erkenntnissen, weil uns wie ein Blitz eine innere Gewissheit durchschießt. Das ist keine nebulöse Eingebung, sondern ein realer Vorgang im Gehirn. Und je mehr wir bereit sind, diesem inneren Wissen zu glauben und es in die eigene Entscheidungsfindung einzubeziehen, desto befriedigender sind die Ergebnisse, die wir erzielen.

Wir wissen, was wir wissen. Und es ist intelligent, dem zu vertrauen.

Intuition bedeutet: Wir wissen etwas, ohne vorher darüber nachgedacht zu haben und ohne eine bewusste Schlussfolgerung gezogen zu haben. Einfach so. Intuition ist eine Mischung aus Geistesblitz, Bauchgefühl und Erkenntnis. Dazu gehört auch die warnende Intuition. Die eigene Wahrnehmung hat etwas bemerkt, das ihr sagt: Vorsicht ist geboten! Ein Gesichtsausdruck, ein Tonfall, ein ungutes Gefühl im Bauch, ein Geruch des Gegenübers, Angstschweiß zum Beispiel, ein Räuspern, das zeigen könnte, dass der andere nicht die Wahrheit sagt oder unsicher ist. Eine Veränderung der emotionalen Atmosphäre. All das kann dazu führen, dass das Gehirn ein Gesamtbild erkennt, das uns gar nicht bewusst ist. Wir haben lediglich ein ungutes Gefühl und wissen auf einmal, dass etwas nicht stimmt, ohne dass wir das genau erklären könnten. Manchmal geschieht aber auch das genaue Gegenteil: Wir spüren, hier sind wir gut aufgehoben, obwohl die Fakten nicht unbedingt dafür sprechen. Wir vertrauen und wissen nicht, warum.

Die meisten Menschen haben die Fähigkeit zur Intuition, doch die wenigsten glauben und vertrauen ihr. Und noch weniger Menschen entscheiden aufgrund ihrer Intuition. Dabei wäre das oft eine gute Idee. Natürlich ist es sinnvoll und wichtig, die Dinge zu durchdenken und auf ihre Machbarkeit hin zu überprüfen. Doch Machbarkeit und Wahrscheinlichkeit orientieren sich an dem, was bereits ist. Der Intuition zuzuhören bedeutet hingegen, alle inneren Kräfte in die Lebensgestaltung mit einzubeziehen, auch sogenannte geistige.

Der Intuition zu vertrauen ist besonders wichtig, wenn wir uns nicht immer wieder neu verletzen lassen wollen. Sagt sie »Finger weg«, dann sollten wir uns daran halten. Sagt sie »Hingehen, machen«, auch wenn es uns Angst bereitet, sollten wir ihr folgen. Wir wollen nicht immer hören, was die Intuition sagt. Doch ihre Botschaft ist es wert, bedacht zu werden. Damit wir vorbereitet sind, selbst wenn wir uns gegen sie entscheiden. Am Ende tragen wir immer die Verantwortung für unsere Entscheidungen, egal, auf welcher Grundlage wir sie treffen, und wir müssen mit den daraus folgenden Konsequenzen leben. Auch gar keine Entscheidung zu treffen hat Folgen.

Der eigenen Intuition zu vertrauen ist nicht immer einfach und bequem. Diese innere Stimme lockt uns manchmal aus unserer Komfortzone heraus und will, dass wir mutig und entschlossen dem eigenen Lebenspfad folgen. Sie ist die innere Führung, die dafür sorgt, dass wir diesen Weg auch wirklich gehen. Sie gibt nicht auf und darf auch nicht aufgeben. Je bedingungsloser wir auf sie hören, desto leichter ist es für sie, uns zu führen. Es lohnt sich, das auszuprobieren.

Wie aber unterscheiden wir Intuition von schlichter Angst vor Veränderung? In der Angst haben wir ein diffuses Gefühl von Bedrohung, unser Atem wird flach und die Brust eng. In der Intuition spüren wir Klarheit, positive Aufregung und haben ein inneres Wissen, das sagt: »Das ist richtig.« Die Intuition zeigt sich durch Kribbeln und Belebung und gleichzeitig durch innere Ruhe. Hilfreich ist es auch, uns selbst zu fragen, ob wir die Folgen unserer Entscheidung tragen können. Wenn ja, lohnt es sich zumindest, über den nächsten Schritt nachzudenken. Wenn nein, hilft die Frage, was wir brauchen, um die Folgen zu tragen. Denn nicht immer ist ein inneres Nein die einzig mögliche Antwort. Und auch nicht immer die beste.

ÜBUNG: FRAGEN AN DEIN INNERES

Um Intuition von Angst zu unterscheiden, hilft es, sich folgende Fragen zu stellen:

- *Wenn ich später auf mein Leben zurückschaue, würde ich dann bereuen, den Schritt, zu dem mir meine Intuition rät, nicht gegangen zu sein? Wenn ja, fasst du besser Mut dazu.*
- *Wenn ich nüchtern auf diese Angelegenheit schaue, was spricht dafür, was dagegen? Mache eine Liste, dann entscheide.*
- *Kann ich die Verantwortung für die Folgen meiner Entscheidung tragen?*

KRAFTGEDANKE

Ich vertraue dem, was ich fühle und was ich tief in mir wahrnehme. Dabei bin und bleibe ich immer in Sicherheit.

Geisteskraft

Wir wir bereits beim Thema Fokus gesehen haben, haben bewusste, klare Gedanken, die sich auf ein Ziel konzentrieren, eine immense Kraft. Die eigene Aufmerksamkeit zu bündeln und sich klar auszurichten, eigene und fremde Zweifel auszuräumen und bei dem zu bleiben, was wir für uns als richtig erkannt haben, setzt ungeahnte Energien frei.

Diese bewussten Gedanken sind wie Absichtserklärungen, denen das Unterbewusstsein folgt. Deshalb ist es so wichtig, darauf zu achten, was wir denken. Denken wir diffuse, ängstliche Gedanken, in denen das Scheitern eines Projektes oder einer Beziehung schon eingeplant ist, oder hegen wir selbstbewusste, siegessichere Gedanken, die uns Kraft geben?

Beides wirkt sich entsprechend aus: Entweder wir erlauben, dass uns die negativen Erfahrungen, die wir aufgrund alter Wunden in uns tragen und die durch die Schreckensmeldungen der Medien weiter geschürt werden, in den Bann ziehen und unsere Gedanken formen. Oder wir besinnen uns auf den eigenen Mut, die eigene Größe und richten unsere Gedanken bewusst auf Gelingen aus.

> *Geisteskraft wohnt jedem Menschen inne. Jeder kann sich geistig fokussieren, und das tut auch jeder. Bewusst oder unbewusst.*

Es geht nicht darum, sich etwas schönzudenken. Auf ein gutes Ergebnis zu hoffen, obwohl alles dagegen spricht, ist nicht gemeint. Wenn wir Angst haben, etwas könnte schiefgehen, hilft es nicht, dem gute Gedanken entgegenzusetzen und damit die Angst zu unterdrücken. Sorgfältiges Abwägen dagegen hilft sehr.

Was ist nötig, um erfolgreich zu sein?
- Wie groß ist die Wahrscheinlichkeit, dass die Dinge schiefgehen?
- Wie groß ist sie, dass alles gut läuft?
- Hast du alle nötigen Fähigkeiten, um erfolgreich zu sein?
- Hast du alle nötigen Mittel und die Hilfe, die du brauchst? Wenn nein, weißt du, wie du sie dir beschaffen kannst?

Beantwortest du diese Fragen mit »Ja«, kannst du getrost deine Gedanken auf »Gelingen« ausrichten. Weißt du dagegen, dass du weder gut vorbereitet bist noch Hilfe hast, dann weißt du auch, dass ein Scheitern wahrscheinlich ist. Vielleicht, weil du das, was du vorhast, in Wahrheit nicht mal wirklich willst. Dann ist es besser, in Frieden loszulassen und neue Ziele zu finden.

Eine gute Hilfestellung bietet hierbei auch das Gelassenheitsgebet, selbst wenn man nicht an geistige Kräfte glaubt: »Gott (oder: Mein Geist), gib mir die Gelassenheit, die Dinge hinzunehmen, die ich nicht ändern kann, den Mut, die Dinge zu ändern, die ich ändern kann, und die Weisheit, das eine vom anderen zu unterscheiden.«

Es ist eine große Herausforderung, die Gedanken bewusst auszurichten. Manchmal fühlen wir uns, als würden wir eine Horde überdrehter Kinder hüten. Und so ist es auch: Jeder innere Anteil hat etwas anderes zu sagen, alle reden durcheinander und der, der am lautesten schreit, bekommt die größte Aufmerksamkeit. Die meisten Menschen glauben jenen Gedanken, die am stärksten sind. Doch das ist oft genug die Stimme der Angst, die sich durchsetzt. Sich durchsetzen muss, denn sie schützt das Leben. Die eigene Geisteskraft zu nutzen heißt also, sich bewusst zu entscheiden, was wir denken. In dem Wissen, dass wir das entscheiden können. Dadurch können wir auch erkennen, dass wir heute vielleicht anders handeln würden – oder überhaupt handeln. Heute können wir für uns selbst sorgen und für uns einstehen. Heute können wir uns selbst retten.

ÜBUNG: FRAGEN AN DEIN INNERES

Nimm dir dein Tagebuch oder ein Blatt Papier und beantworte dir die folgenden Fragen. Sie helfen beim Abwägen:

- *Welche Gedanken helfen mir, meine Ziele zu erreichen?*
- *Welche Gedanken hindern mich daran?*
- *Wie kann ich mich auf jene Gedanken konzentrieren, die mir Kraft geben?*
- *Hilft es mir, wenn ich mir zwei oder drei kraftvolle Gedanken aufschreibe und die Zettel so hinlege, dass ich sie sehe?*

KRAFTGEDANKE

Meine positiven Gedanken gestalten mein Leben in jeder Hinsicht erfolgreicher und glücklicher als je zuvor. Dabei bin ich immer in Sicherheit.

Tatkraft

Eine der wichtigsten Kräfte auf dieser Welt ist die Fähigkeit zu handeln. Denn fühlen, denken, wissen können wir viel – wenn wir aber unser Wissen und unsere Vorhaben nicht in die Tat umsetzen, sondern in der Planung verhaftet bleiben, passiert eben auch nichts. In jedem Moment gibt es nur eine Möglichkeit, Dinge zu bewegen und zu verändern – eine Handlung pro Moment. Also dürfen und sollten wir sorgfältig abwägen, wem in uns wir erlauben, im Außen Dinge zu bewegen, die Konsequenzen haben. Es ist immer ein bestimmter Hirnteil, der die Entscheidung zur Handlung trifft, gerade dann, wenn wir das Gefühl haben, eben nicht zu entscheiden. Dann tun das die unbewussten Anteile unseres Gehirns, die uns in der Komfortzone halten wollen. Was sehr gesund ist. Ein Mensch braucht sehr viel Sicherheit. Rituale, täglich gleich ablaufende Handlungen, geben Stabilität und Halt.

Es ist aber ein großer Unterschied, ob zum Beispiel das Ritual des nachmittäglichen Kaffeetrinkens daraus besteht, dass wir ein Stück Sahnetorte essen, oder ob wir es uns angewöhnen, stattdessen einen grünen Smoothie zu trinken. Eine feste Beziehung zu führen gibt Halt und macht glücklich. Allerdings ist entscheidend, ob wir sie mit einem Menschen führen, der uns liebt und sein lässt, wie wir sind, oder ob wir uns ständig verbiegen müssen.

Jede Handlung setzt eine Kette an Wirkungen in Gang, kleine und manchmal auch große. Das muss uns bewusst sein.

Es ist ein Unterschied, ob wir diese eine Zigarette rauchen oder nicht. Ob wir diese Mail abschicken oder nicht. Ob wir sagen »Ich liebe dich« oder nicht.

Wir sollten also immer im Blick haben, ob wir mit dem, was unsere Handlung nach sich zieht, leben können und wollen. Denn nichts von dem, was wir tun, ist »egal«. Für das Gehirn gibt es keine neutralen Handlungen. Jeder Handlung liegt eine Entscheidung zugrunde. Und aus jeder Handlung lernt das Gehirn und verändert sich. Die Hirnareale, die für Entscheidungen zuständig sind, verknüpfen sich mit denen, die dafür sorgen, dass eine Handlung ausgeführt wird. Entweder eine bereits bestehende Verbindung wird bestätigt, weil wir etwas so machen, wie wir es schon immer getan haben – was durchaus positiv sein kann. Wenn wir zum Beispiel schon immer auf unser Herz gehört haben, dann ist es schlau, diese Angewohnheit beizubehalten. Oder aber es werden neue Verbindungen geknüpft, wenn wir etwas tun, was wir so noch nie oder nur selten getan haben.

Deshalb sind unsere alltäglichen Handlungen und Entscheidungen so wichtig. Aus diesen Tausenden von Handlungen bildet sich die innere Matrix, die Blaupause, auch für größere Entscheidungen. Auch keine Entscheidung zu treffen ist eine Entscheidung und keine Handlung auszuführen ist auch eine Handlung.

Sich große Mühe zu geben, etwas richtig und wirklich gut zu machen, ist ein sehr guter Plan. Aber es kommt dabei auf die Inhalte und Zielgruppen unserer Handlungen an. Wenn wir unser Bestes bei etwas geben, das uns wirklich wichtig ist, ist das wunderbar. Wenn wir uns dagegen anstrengen, die Straße perfekt zu fegen, damit die Nachbarn nichts sagen, stimmen weder die Zielgruppe, nämlich die Nachbarn, noch die Handlung, das Straßefegen, mit dem überein, was uns wirklich Kraft geben könnte.

Wenn wir uns ständig tatkräftig für etwas einsetzen, das uns nicht das bringt, was wir möchten, werden wir müde. Wir laugen uns selbst aus. Und haben in jenen Lebensbereichen, in denen wir handeln sollten, keine Kraft mehr. Für die Heilung alter Wunden ist es wichtig, sich genau anzuschauen, in welchen

Lebensbereichen wir uns immer wieder neu verletzen lassen. Und in welchen Lebensbereichen wir unser Hauptaugenmerk auf die Vermeidung neuer Verletzungen ausrichten, statt das zu tun, was wir wirklich wollen. So verständlich das auch ist, es ist nicht sinnvoll, wenn wir erfüllt leben möchten.

ÜBUNG: FRAGEN AN DEIN INNERES

Nimm dir dein Tagebuch oder ein Blatt Papier und beantworte dir die folgenden Fragen:

- *Ist dir bewusst, wie wertvoll auch deine kleinen, scheinbar unwichtigen Handlungen sind, wie weitreichend?*
- *Sind deine täglichen Rituale in Bezug auf ein gesundes, erfülltes Leben zielführend oder schaden sie dir eher?*
- *Spürst du ständig kleine Handlungsimpulse in dir, denen zu folgen dich insgesamt glücklicher machen würde? Und bedeutet, ihnen nicht zu folgen, dich unbewusst mit Ersatzbefriedigungen zu »füttern«? Isst du zum Beispiel Schokolade, statt dir die Zeit zu nehmen, den Sonnenuntergang zu betrachten? Rauchst du nur heute noch mal eine letzte Zigarette, statt endlich aufzuhören? Zettelst du mit deinem Partner Streit an, statt zu sagen, was du wirklich brauchst?*
- *Handelst du in den Lebensbereichen, in denen Handlungen erforderlich sind, oder neigst du dazu, den Kopf in den Sand zu stecken und nicht zu handeln?*
- *Ist dir bewusst, dass du entscheiden kannst, welchen inneren Anteilen du deine Handlungskraft zur Verfügung stellst, also wem in dir du zuhörst?*

Schreibe dir auf, in welchen Lebensbereichen Handlungsbedarf besteht. Und auch, in welchen du aufhören solltest, weiterhin Tatkraft hineinzugeben, statt loszulassen. Überlege dir einen ersten kleinen Schritt, mit dem du ins Handeln kommst, schreibe ihn dir auf und handle dann entsprechend.

KRAFTGEDANKEN

Ich kann und darf tun, was ich wirklich will. Ich darf lassen, was ich nicht will. Dabei bin ich jederzeit in Sicherheit.

All diese Kräfte, die wir auf den vorhergehenden Seiten kennengelernt haben, brauchen wir, damit wir uns uns selbst zuwenden und unsere alten Wunden anschauen können. Sie sind es, die wir hinter dem Leithund vor den Schlitten unseres Lebens spannen müssen, wollen wir selbst- statt fremdbestimmt sein. Durch die Beschäftigung mit den hier aufgeführten Fragen können wir uns dieser Kräfte bewusst werden. Und durch die EFT-Übungen aktivieren wir sie.

Deshalb ist es gut, diese Übungen so oft wie möglich zu machen. Es darf ein automatisches Ritual werden, die Finger aufs Herz zu legen, kleine Kreise zu vollziehen und uns positive Unterstützung zu geben. Schon allein der Satz »Ich bin in Sicherheit« wirkt Wunder, wenn wir ihn auf diese Weise in unser Herz programmieren. Besonders wenn wir schwierige Situationen zu meistern haben. Mit ein klein wenig Übung wird dieses Programmieren selbstverständlich. Was die anderen Menschen denken, darf uns dabei egal sein. Außerdem merken sie das gar nicht. Die Kreise dürfen ganz klein sein und es darf rasch gehen. Auch mehrere Sätze im Zusammenspiel sind sinnvoll, zum Beispiel, um sich morgens auf den Tag vorzubereiten. Hier sind sie noch mal im Überblick.

Unsere inneren Kräfte sind neben dem Leithund die entscheidenden Zugkräfte für unseren Schlitten. Sie ermöglichen es uns, mit dem umzugehen, was angeschaut, gefühlt und verabschiedet werden will.

KRAFTGEDANKEN

- Im tiefsten Inneren ist alles in Ordnung.
- Ich weiß, was ich will, und stehe für mich ein. Ich bin dabei in Sicherheit.
- Ich konzentriere mich auf das, was ich will, und gehe meinen eigenen Weg. Ich bin dabei in Sicherheit.
- Ich bleibe an dem dran, was für mich wirklich wichtig ist. Ich bin dabei in Sicherheit.
- Ich vertraue dem, was ich weiß. Ich glaube mir selbst und bin dabei in Sicherheit.
- Ich vertraue dem, was ich fühle und was ich tief in mir wahrnehme. Dabei bin und bleibe ich immer in Sicherheit.
- Meine positiven Gedanken gestalten mein Leben in jeder Hinsicht erfolgreicher und glücklicher als je zuvor. Dabei bin ich immer in Sicherheit.
- Ich kann und darf tun, was ich wirklich will.
  Ich darf lassen, was ich nicht will. Dabei bin ich jederzeit in Sicherheit.

5. Sich selbst zuwenden: Selbstmitgefühl und Achtsamkeit trainieren

Wir und nur wir sind dafür verantwortlich, fürsorglich und mitfühlend mit uns selbst umzugehen. Im Wissen, dass wir für uns selbst zuständig sind, erfüllen wir uns unsere Bedürfnisse und sind uns gegenüber liebevoll und zugewandt – wir sind uns Mutter, Vater, bester Freund und Therapeut in einem.

Achtsamkeit entwickeln

Sich selbst mitfühlend zu begegnen heißt, die eigenen Gefühle anzuerkennen, statt sich selbst zu verurteilen. Oder sich das, was man fühlt, auszureden. Damit wir die eigenen Gefühle überhaupt erkennen können, brauchen wir Achtsamkeit. Die Idee der Achtsamkeit kommt aus dem Buddhismus. Die Buddhisten meinen damit: sich seiner selbst gewahr zu sein. Ohne sich selbst zu bewerten. Gerade so, als wären wir an uns selbst sehr interessiert und würden uns fragen: »Hm, wie mache ich das denn gerade?« Oder: »Hm, was fühle ich?« »Hm, wie atme ich?« »Hm, wie hebe ich denn gerade diese Getränkekiste?« Das »Hm« ist wichtig. Denn es schafft ein wenig Abstand zu uns selbst. Es ist wie ein Seufzer, mit dem wir die innere Anspannung, mit der wir meistens durch den Tag gehen, rauslassen können. Wir bemerken, wie wir etwas tun, wie wir fühlen, wie wir denken. Und lassen es genau so stehen.

Wir können lernen wahrzunehmen, wie wir etwas tun, wie wir uns fühlen oder wie wir atmen, ohne das als gut oder schlecht zu beurteilen.

Es geht bei der Achtsamkeit nicht darum, uns selbst ständig zu kontrollieren und zu verbessern. Sondern nur darum, uns selbst wahrzunehmen, den inneren Istzustand zu bemerken. Damit wir neu wählen können, wie wir uns von nun an verhalten.

Im Alltag und besonders in schwierigen Situationen sind wir oft zu wenig bei uns selbst. Und je lauter und herausfordernder die Situation ist, desto weniger schaffen wir es in der Regel, nach innen zu lauschen. Darauf zu achten, was wir brauchen, was uns unser Körper sagt. Ob wir angespannt sind, ob wir uns

SANDRA TELEFONIERT MIT IHRER MUTTER

Sandra liebt ihre Mutter. Und ist genervt von ihr, auch wenn sie das nur ungern zugibt. Nach einem Telefonat mit ihrer Mutter ist sie meist erschöpft. Doch dann probiert sie etwas Neues aus. Sie schreibt sich vorab ein paar Fragen an sich selbst auf einen Zettel und legt diesen Zettel während des Telefonats vor sich hin.

Auf dem Zettel steht:
- *Wie atme ich?*
- *Sind meine Schultern locker?*
- *Bin ich angespannt?*
- *Fühle ich mich wohl?*
- *Will ich noch weiter telefonieren? Wenn ja, wie lange noch?*

Sandra schließt während des Telefonats die Augen und richtet ihre Aufmerksamkeit auf sich. Sie atmet bewusst ein und aus. Dann stellt sie sich die notierten Fragen: Sie erkennt, dass sie flach atmet. Ihre Schultern sind hochgezogen, sie ist angespannt und fühlt sich nicht wohl. Sie möchte nicht mehr lange telefonieren.

Gleichzeitig merkt sie, wie sie durch diese Wahrnehmung ruhiger wird. Sie hat sich auf einmal wieder selbst im Blick. Ihre Aufmerksamkeit wird nicht voll und ganz von ihrer Mutter aufgesaugt, wie sie das so gut kennt. Sandra bleibt mit ihrer Achtsamkeit bei sich selbst, zumindest zum Teil. Allein das entspannt schon und sie ist lange nicht so erschöpft nach dem Telefonat wie sonst. Dabei hat sie nicht einmal versucht, tiefer zu atmen oder sich anders zu fühlen.

abgrenzen sollten, ob wir eine Pause brauchen oder einfach nur einen tiefen Atemzug.

Wie man auch in schwierigen Situationen wach und achtsam bleiben kann, zeigt uns das obige Beispiel aus der Praxis.

Der Begriff der Achtsamkeit erklärt sich ganz von selbst, indem man sich das Gegenteil von Achtsamkeit, nämlich die Unachtsamkeit, vor Augen führt. Unachtsamkeit heißt, wir sausen wie auf Autopilot durch den Tag, nehmen kaum wahr, was um uns herum passiert und oft auch nicht genau, was wir eigentlich gerade tun. Achtsam zu sein heißt hingegen, sich stärker auf den Moment zu konzentrieren und mit dem eigenen Fokus ganz bei dem zu sein, was man gerade tut.

Wie wir an Sandras Beispiel gesehen haben, heißt Achtsamkeit sich selbst gegenüber, im Blick zu haben, wie es uns geht. Hin und wieder innezuhalten und wahrzunehmen, wie wir atmen: tief in den Bauch und ruhig? Oder hastig und flach? Wenn das so ist, geht es nicht darum, das auf der Stelle zu ändern, und auch nicht darum, es für gut oder für schlecht zu befinden oder gar uns selbst zu bewerten. Wichtig ist lediglich, es zu bemerken, auf sich selbst zu achten und letztlich auch auf die Warnsignale, die uns unser Körper sendet, zu hören.

Achtsamkeit können wir trainieren. Wir schaffen uns damit einen Ruhepol und können klarer denken. Sie hilft uns dabei, gelassener zu sein, auch wenn schwierige Entscheidungen anstehen. Wenn wir Achtsamkeitsübungen regelmäßig in unseren Alltag einbauen, üben wir, mit der Aufmerksamkeit bei uns selbst zu sein. Zum Beispiel durch so eine Wahrnehmungsübung, wie Sandra das im Telefonat mit ihrer Mutter getan hat, oder durch eine spontane Achtsamkeitsübung, wie ich sie dir gleich vorstellen werde.

Auf diese Weise lernen wir, uns besser zu spüren und wahrzunehmen – was letztlich die entscheidende Grundlage ist, um überhaupt mitfühlend mit uns selbst sein zu können. Das tut letztlich auch unserer Lebensfreude gut, weil wir die eigenen Wünsche und Bedürfnisse im Blick haben und eine liebevolle Beziehung mit uns selbst pflegen.

ÜBUNG: ACHTSAMKEIT PRAKTIZIEREN

Nimm dir zehn kleine Zettel, einen Briefumschlag und einen Stift. Auf jeden der Zettel schreibst du eine dieser Fragen:

- *Wie atme ich?*
- *Was fühle ich?*
- *Was brauche ich gerade?*
- *Was will ich gerade?*
- *Wie geht es mir da, wo ich gerade bin?*
- *Was ist die vorherrschende Farbe des Ortes, an dem ich bin?*
- *Was ist an diesem Ort das vorherrschende Geräusch?*
- *Wie fühlt sich mein Körper an, entspannt oder angespannt?*
- *Tue ich gerade, was mir Freude macht?*
- *Was würde mich in diesem Moment glücklich machen?*

Lege die Zettel in den Briefumschlag und führe ihn in der Hand- oder Aktentasche bei dir, wenn du unterwegs bist. Wann immer du einen Moment Zeit hast, ziehe einen Zettel aus dem Umschlag und beantworte sorgfältig und ehrlich die jeweilige Frage.

GLÜCK KANN MAN TRAINIEREN

Und das sollten wir auch! Denn durch all die alten Verletzungen haben wir regelrecht verlernt, Glück wahrzunehmen. Wie kommt das? Weil es für das Gehirn sehr viel wichtiger ist, Bedrohung und Gefahr zu erkennen als Glück, denn das Überleben hängt ja davon ab. Folglich erlebt das Gehirn Unglück als viel realer als Glück. Es ist vollkommen normal, wenn wir Unglück stärker empfinden als das, was gut läuft. Negatives Drama ist viel eindrucksvoller als positives, weil das Gehirn zunächst darauf programmiert ist, Bedrohungen auszumerzen, nicht darauf, ein glückliches Leben zu führen. Ein gesundes Leben aber schon. Und das, was uns wirklich glücklich macht und nicht nur eine Ersatzbefriedigung darstellt, ist meistens auch gesund.

Deshalb bekommen wir aus unserem Gehirn ständig kleine Impulse, die die Lebenskraft erhöhen könnten, würden wir ihnen folgen. Wir bekommen zum Beispiel auf einmal Lust, uns auf einem Spielplatz auf eine Schaukel zu setzen. Schnell mal auf dem Weg vom Einkaufen anzuhalten und einen Minispaziergang zu machen, weil die Gegend so schön ist. Diese hübschen Ohrringe zu kaufen, weil sie so fröhlich in der Sonne glitzern. Uns eine Kugel Erdbeereis zu gönnen. Eine halbe Stunde Pause zu machen und uns in den Garten zu setzen. Kleine Glücksimpulse, die uns so sehr bereichern würden!

Allerdings haben wir gründlich verinnerlicht, solche Glücksimpulse zu überhören. Wir haben sie uns ausgeredet, weil wir uns nicht albern vorkommen wollen oder das alles überflüssig finden. Aber wir können lernen, ihnen wieder achtsamer zu lauschen und ihnen zu folgen. Als Kind war das ganz einfach. Wir wussten instinktiv, was wir wollten und was uns guttat. Wurden unsere kindlichen Wünsche nach Freude unterdrückt oder wurden wir gar dafür ausgelacht, dann verbieten wir uns auch heutzutage, den Glücksimpulsen nachzugehen. Dabei würden sie unser Leben so viel schöner machen, die inneren Lebensgewässer am Fließen halten. Und wir wären so viel kraftvoller.

Wir können trainieren, uns selbst glücklich zu machen und dafür den eigenen Glücksimpulsen zu lauschen. Damit die inneren Seen lebendig bleiben und wir zufriedener werden.

Warum vergessen wir so leicht, was uns glücklich macht? Weil wir den eigenen Bedürfnissen und Wünschen nicht genügend Aufmerksamkeit schenken und sie fremden Prioritäten unterordnen. Weil wir dazu neigen, uns auf das reine Funktionieren zu konzentrieren, und zu viel arbeiten oder vor allem für andere da sind. Und wenn wir dann wirklich mal Zeit für uns selbst haben, wissen wir gar nicht mehr, was wir mit uns anfangen sollen.

ÜBUNG: DIE SCHATZSUCHE

- *Lege dir ab heute eine Schatzkarte an. Das kann dein Tagebuch sein oder ein Blatt Papier, das du jederzeit hervorholen kannst. Immer wenn dir etwas einfällt, das dir Freude bereiten würde, schreibe es auf.*
- *Begib dich auf Schatzsuche und verwirkliche das, was du dir aufgeschrieben hast. Bereite dir diese Freude. Nimm dir die Zeit. Du wirst sehen, wie bereichernd das sein wird. Auch wenn es nur ganz kleine Schätze sind, werden sie Licht in deinen Alltag tragen und glänzen wie große Goldklumpen.*
- *Mache die Schatzsuche zu einer regelmäßigen Praxis. Du könntest dir sogar in deinem Kalender feste Zeiten für Schatzsuche und Glücksmomente blockieren oder dir eine Erinnerung setzen, damit ein regelmäßiges »Schatzsuchertraining« daraus wird.*

Dass diese Übung funktioniert, liegt an dem sogenannten Belohnungszentrum in unserem Gehirn, das dafür sorgt, dass Glückshormone ausgeschüttet werden. Es sagt dir den ganzen Tag, was es braucht, damit du Freude erlebst und dich wohlfühlst. Vergiss vorerst Leitsätze wie »Erst die Arbeit, dann das Vergnügen«, denn wie gesagt: Wir brauchen viel mehr Glücksmomente. Das Belohnungszentrum wird so mit dem Gehirnzentrum für Handlungsimpulse verknüpft, die Muskeln bekommen die Information: Das, was Freude bereitet, wird gemacht!

Je achtsamer wir mit uns selbst sind, je genauer wir hinhören, was Körper und Geist wirklich brauchen, desto besser werden wir wissen, wo wir die Schätze finden, die uns glücklich machen.

KRAFTGEDANKEN

- Ich darf und kann dafür sorgen, dass es mir gut geht.
- Je besser ich für mich sorge, desto besser kann ich mein Leben meistern.
- Für mein eigenes Glück zu sorgen macht mich frei und stark.
- Es macht mich glücklich, für mein eigenes Glück zu sorgen.
- Mir selbst Gutes zu tun befreit auch die Menschen, die sich um mich sorgen.
- Es darf mir von Tag zu Tag besser gehen.
- Mir zu geben, was mich glücklich macht, steckt andere an, das auch für sich selbst zu tun.

Von Selbstmitleid zu Selbstmitgefühl

Aber nicht nur das Erleben von Glück ist eine wirksame Medizin. Es gibt noch ein anderes, ganz elementares Wundermittel für jeden emotionalen Schmerz: echtes, von Herzen kommendes Mitgefühl. Mitgefühl und Achtsamkeit sind ein wichtiger Schlüssel für ein erfülltes Leben. Wenn wir achtsam mit uns selbst umgehen und uns bewusst machen, was wir brauchen, können wir selbst uns diese Bedürfnisse erfüllen. Denn wir dürfen lernen, uns selbst den Trost und das Mitgefühl zu schenken, das wir im entscheidenden Moment von anderen vermisst haben.

> *Echtes, tiefes Selbstmitgefühl bringt uns dazu, uns selbst liebend in den Arm zu nehmen und für uns zu tun, was getan werden muss. Egal, wie es uns gerade geht, und egal, ob wir uns selbst gerade mögen oder nicht.*

SELBSTMITLEID

Jammern, klagen, sich beschweren, sich selbst als Opfer fühlen – das sind alles verständliche Folgen von ungeheilten Wunden. Wir wollen endlich gesehen werden mit dem, was schon so lange so wehtut. Doch Selbstmitleid hilft uns nicht weiter. Auch wenn sich jemand zu uns gesellt und mitjammert, geht es uns nicht besser. Wir baden im Sumpf der eigenen negativen Gefühle, statt uns selbst herauszuholen. Denn indem wir im Selbstmitleid verharren, aktivieren wir diese Gefühle immer wieder und bestätigen uns selbst, dass wir eben der oder die Dumme sind. Dass wir nichts machen können und das Leben unfair ist. Mag sein! Doch es gibt Möglichkeiten, auf ganz neue Weise mit uns selbst umzugehen.

Wie sich Selbstmitleid zeigt

- Unsere Gedanken kreisen um das Unrecht, das uns angetan wurde. Wir reden ständig darüber, wie ungerecht wir behandelt wurden.
- Wir sind den eigenen schmerzlichen oder gekränkten Gefühlen voll und ganz ausgeliefert. Gedankenschleifen, ständiges Grübeln, Weinerlichkeit und Groll sind die Anzeichen dafür, dass wir im Selbstmitleid gefangen sind.
- Unsere Atmung ist flach und findet nur noch im Brustbereich statt, nicht im Bauch. Die Stimme wird meistens höher und ein wenig schrill, auch bei Männern.
- Wir stecken in einem emotionalen Teufelskreis fest. Wir können unser eigenes Gejammer nicht mehr hören, doch wir können es auch nicht stoppen.

MITFÜHLEN STATT MITLEIDEN

Wer schon einmal eine schmerzliche Situation meistern musste, weiß, wie wertvoll es ist, wenn uns andere Menschen einfach sein lassen, wie wir sind. Ohne einen ständig zu drängen, die Situation zu ändern. Sätze wie »Das geht vorbei«, »Ist doch alles nicht so schlimm« oder auch »Ich weiß gar nicht, was ich in deiner Situation machen würde« helfen nicht.

Geteiltes Leid ist zwar halbes Leid, wie das Sprichwort sagt, das gilt aber nicht für alte Wunden.

Was dann wirklich gebraucht wird, ist nicht Mitleid, sondern Mitgefühl. Wenn wir mit jemandem mitleiden, sind wir mit ihm oder ihr im Opfersein gefangen und sehen keinen Ausweg. Wir fühlen uns genauso hilflos, machtlos und ausgeliefert. Wenn wir hingegen mitfühlen, sind wir eben nicht mit dem anderen im Opfersein gefangen: Wir sehen den anderen, hören ihn, können ihm zu verstehen geben, ich glaube dir und ich helfe dir, wenn ich kann. Ich weiß, wie es dir geht. Und ich bin gleichzeitig bei mir selbst und fühle mich. Ich weiß dabei, dass auch dieses so schmerzliche Gefühl ein vorübergehender Zustand ist.

Wie sich Mitgefühl zeigt

- Wir haben Abstand, sehen den anderen und nehmen auch dessen Gefühle wahr. Doch wir lassen uns eben nicht davon anstecken.
- Wir erkennen, dass wir selbst nicht beteiligt sind. Damit bleiben wir handlungsfähig. Und können helfen!
- Wir erleben uns in emotionaler Hinsicht als neutral. Wir sind da und bleiben gleichzeitig außen vor.
- Wir unterscheiden unsere eigenen Gefühle von denen des anderen. Und können deshalb erkennen, was der andere braucht, statt dessen Bedürfnisse mit den eigenen zu verwechseln.
- Wir können für den anderen da sein und gleichzeitig mit der Aufmerksamkeit bei uns bleiben. Statt uns von der Situation des anderen überwältigen zu lassen.
- Wir können klar denken. Wir können den Schmerz des anderen akzeptieren und einfach da sein. Ohne etwas tun zu müssen.

Wenn wir gewohnt sind, mitleidig zu sein statt mitfühlend, dann mag es erst mal seltsam neutral erscheinen, wenn wir Mitgefühl praktizieren. Wir versinken nicht im Schmerz des anderen, sondern fühlen uns womöglich sogar ganz gut, obwohl es

unserem Gegenüber so schlecht geht. Dürfen wir das überhaupt, fragen wir uns – und die Antwort lautet: »Ja«. Wir müssen sogar! Denn Mitleid schwächt. Uns selbst und denjenigen, der unseren Beistand braucht. Mitgefühl dagegen ist der Balsam, den wir alle brauchen, damit wir in unser emotionales Gleichgewicht zurückfinden. Die hilfreichste Frage, die wir dem, der in Not ist, stellen können, ist: »Was brauchst du?«
Denn die Antwort darauf liefert uns eine Handlungsgrundlage. Wir können schauen, ob wir dem anderen geben können, was er braucht. Oder eben nicht. Dann dürfen wir genau das sagen und ihm damit die Freiheit lassen, sich bei dem Hilfe zu suchen, der sie leisten kann.

WAS SELBSTMITGEFÜHL BEDEUTET

Selbstmitgefühl heißt: Ich fühle Schmerz. Oder Groll. Oder Enttäuschung. Oder Kränkung. Doch ich bin nicht von meinem Gefühl überwältigt. Es gibt in mir auch andere innere Anteile, die den Schmerz nicht fühlen, sondern ihn neutral anschauen können. Ich kann wahrnehmen, dass ich zum Beispiel Schmerz fühle. Doch ich bin nicht der Schmerz. Ich kann mich selbst in Gedanken liebevoll und tröstend in den Arm nehmen und mir Mut und Trost zusprechen. Es ist, als wäre ich zwei Personen: die eine, die das schmerzhafte Gefühl spürt, und die, die tröstet.

Ich kann gleichzeitig der Verwundete und der Arzt sein, inneres Kind und tröstende Mutter oder tröstender Vater.

Im Selbstmitleid bin ich nur jemand, der im Schmerz verharrt. Im Selbstmitgefühl dagegen fühle ich die Person, die im Schmerz verharrt, und bin gleichzeitig der oder die Tröstende.
Damit wir Mitgefühl statt Selbstmitleid praktizieren können, brauchen wir, was wir bisher gelernt haben: die Fähigkeit,

zwischen dem neutralen und handlungsfähigen inneren Erwachsenen und dem gefühlsbetonten inneren Kind zu unterscheiden. Außerdem müssen wir die Fähigkeit kultivieren, bewusst vom inneren Kind auf den inneren Erwachsenen umzuschalten. Denn das innere Kind leidet immer mit dem anderen mit. Der innere Erwachsene dagegen bleibt bei sich, sieht den Schmerz, steht aber sicher auf seinem eigenen Platz. Und kann damit Verantwortung übernehmen und helfen.

SELBSTMITGEFÜHL IM ALLTAG

Wenn wir zum Beispiel eine Trennung erleben, tut das natürlich sehr weh und wir vermissen den Partner oder die Partnerin. Die Angst meldet sich, es alleine nicht zu schaffen, vor allem wenn wir als Kind eine Scheidung miterlebt haben und unsere Mutter oder unser Vater uns auf einmal sehr hilflos erschienen. Doch nach einer Trennung spüren wir auch oft Erleichterung, weil wir wissen, dass es uns durchaus weiterbringen kann, ohne den anderen zu sein. Wir erleben uns als stark und fähig, die Situation zu meistern. Vielleicht nehmen wir sogar ab, kaufen uns ganz andere Kleidung, ziehen in ein anderes Land oder wechseln den Beruf.

Erfahrungen sind wie ein Musikkonzert. Und das besteht

Erfahrungen sind vielschichtig und alle Gefühle sind richtig und berechtigt.

aus mehreren Sätzen, nicht nur aus einem Violinsolo. Es braucht immer das ganze Orchester, weil die verschiedenen Hirnareale Erfahrungen unterschiedlich bewerten. Es ist sinnvoll, diese Vielschichtigkeit anzuerkennen, damit wir aufgrund all dieser inneren Stimmen eine Entscheidung treffen können. Statt nur dem uns Verlassenden wütend die Autoreifen aufschlitzen zu wollen, könnten wir ja darüber nachdenken, neue oder alte Chancen zu ergreifen, weil wir jetzt frei sind. Beides sind Impulse, die gleichzeitig stattfinden können, und beides hat seine Berechtigung.

Im Selbstmitleid geben wir den in emotionaler Hinsicht verletzten, impulsiven und unreflektierten inneren Anteilen die Zügel in die Hand und machen unsere Gefühle beziehungsweise die Vermeidung von weiteren Gefühlen zu unserer Handlungsgrundlage. Im Selbstmitgefühl nehmen wir unsere Gefühle wahr, doch unsere Handlungen erfolgen aus den gereiften, bewussten Hirnteilen heraus. Das können wir üben. Und wir müssen es auch üben. Denn die impulsiven, emotionalen und damit irrationalen Gehirnteile sind die älteren. Und damit die stärkeren.

Christa zeigt uns mit ihrem inneren Dialog an einem ganz alltäglichen Beispiel, wie man sich selbst beisteht, auch und gerade dann, wenn man sich selbst nicht mag.

CHRISTAS DIÄT

Christa macht gerade eine Diät, fünf Kilo müssen runter. Sie stellt sich nach drei Tagen, an denen sie wirklich wenig gegessen hat, auf die Waage und hat kein Gramm weniger. Am liebsten würde sie die Waage an die Wand werfen. Sie ist entmutigt, verzweifelt, schämt sich – von allem ein bisschen. Sie erlebt einen unangenehmen Gefühlscocktail. Normalerweise würde sie sich beschimpfen und sich als Versagerin fühlen. Und entweder alles, was sie sich in den letzten Tagen versagt hat, in sich hineinstopfen oder noch rigoroser hungern. Je nachdem, wie ihre Stimmung gerade ist.

Doch Christa hat schon einmal von Selbstmitgefühl gehört. Sie vollzieht eine wahrhaft heldenhafte Tat: Sie löst sich aus ihrer Verzweiflung und der Wut auf ihren Körper und schafft es, sich im Spiegel in die Augen zu sehen. Sie sagt nicht: »Du Versagerin«, sondern sie lächelt sich liebevoll zu und sagt:
»Ich bin bei dir. Du hast mein Mitgefühl. Das muss ganz schwierig für dich sein. Aber es ist okay und ich bin für dich da.«

Wenn du dich das nächste Mal dabei ertappst, wie du jammerst und klagst, dann stell dir vor, dass du dich selbst in den Arm nimmst. Nimm dir Zeit für dich selbst, setze dich hin und schreibe einfach mal alles auf, das dich verletzt hat und worunter du leidest.

ÜBUNG: DIR SELBST BEISTEHEN

- *Wähle ein schmerzliches Ereignis aus und schreibe auf ein Blatt Papier alles auf, was dich dabei verletzt hat. Was genau hat daran so wehgetan? Jammere und klage ganz bewusst.*
- *Setze dich dann vor einen Spiegel und lies dir selbst vor, was du aufgeschrieben hast. Schaue dir dabei immer wieder in die Augen, damit du fühlst, dass du dir zuhörst.*
- *Lege das Papier weg, nachdem du dir alles vorgelesen hast. Schaue dir erneut ganz bewusst in die Augen. Lächle dir zu. Sage laut: »Ich sehe deinen Schmerz. Du hast mein volles Mitgefühl.« Wiederhole diese Sätze ein paar Mal.*
- *Nimm dann das Papier und befreie dich davon: Verbrenne es oder wirf es in einen See oder Fluss – es ist nicht so entscheidend, ob Feuer und Wasser real sind oder nur Teil deiner Vorstellung. Sieh zu oder stell dir vor, wie der Schmerz in Flammen aufgeht oder vom Wasser davongetragen wird.*

Wenn wir uns auf diese Weise mit uns selbst befassen, üben wir, nicht in unseren Gefühlen zu versinken, sondern in einer liebevollen Beziehung mit uns selbst zu bleiben. Wir sind nicht mehr unsere Gefühle, sondern wir haben sie lediglich. Wir selbst sind gleichzeitig mitfühlend, innerlich stabil und wir können klar denken. Für unser Bild mit dem Hundeschlitten würde das heißen: Wir steigen vom Schlitten ab, gehen zu dem meist noch kleinen Hund, der all diese Gefühle hat, und kümmern uns liebevoll um ihn. Wir sind aber nicht dieser Hund. Wir bleiben der alles überschauende Schlittenführer, der für seine Meute sorgt.

Wie wäre es, wenn wir ganz grundsätzlich deutlich liebevoller mit uns umgingen? Und uns selbst ein wirklich guter Freund werden würden, einer, dem wir uns gern anvertrauen? Wie schön wäre es, sich selbst vertrauen zu können, weil wir von uns wissen, dass wir achtsam, liebevoll und verlässlich mit uns umgehen? Diesen Schulterschluss mit uns selbst brauchen wir, damit unsere alten Wunden heilen können. Und damit wir uns nicht immer wieder neue schlagen lassen. Genau das wünschen wir uns ja: dass sich die verletzten Anteile zeigen und sich von uns berühren lassen, sich uns wie ein verletztes kleines Tierchen oder ein Kind anvertrauen, obwohl sie Angst haben. Dafür lohnt es sich, uns selbst Schritt für Schritt immer mehr auf die Spur zu kommen. Und für uns selbst immer vertrauenswürdiger zu werden.

KRAFTGEDANKE FÜR MEHR SELBSTMITGEFÜHL

Ich bin für dich da. Ich: der gereifte, bewusste innere Erwachsene. Für dich: für den verletzlichen, verletzten inneren Anteil.

Selbstliebe statt Selbstkritik

Wie kommen wir eigentlich auf die Idee, es sei sinnvoll, uns selbst zu beschimpfen, statt freundlich und unterstützend mit uns umzugehen? Keine einzige psychologische Fachrichtung hat jemals festgestellt, dass sich selbst niederzumachen irgendeine Angelegenheit verbessert hätte. Wir fügen einer schwierigen Situation nur noch mehr Schwierigkeiten hinzu. Klug ist das Sich-selbst-Beschimpfen also nicht. Hilfreich auch nicht. Und doch ist es das, was wir den ganzen Tag tun – unbewusst. Natürlich liegt auch hierbei eine alte Wunde zugrunde. Wir wiederholen einfach das, was wir als Kind gehört haben, wenn wir einen Fehler machten.

Selbstliebe, das ist so ein Wort, das man ständig hört. Wer liebt da eigentlich wen? Im Grunde geht es dabei nicht darum, zu sich selbst »Ich liebe dich« zu sagen, sondern mit sich eine gute Beziehung zu führen. Denn genau die schenkt uns Sicherheit und Selbstvertrauen. Vertrauen entsteht, wenn wir das, was wir sagen, auch tun. Selbstvertrauen funktioniert genauso. Wenn wir tun, was wir uns versprechen, sind wir für uns selbst vertrauenswürdig. Unser Selbstvertrauen wächst und damit auch unsere innere Sicherheit. Bisher hat uns vielleicht jemand gefehlt, auf dessen Fürsorge und Treue wir uns verlassen konnten. Unser Urvertrauen wurde zerstört, war schwach oder gar nicht erst entwickelt. Umso wichtiger ist es jetzt, dass wir uns selbst Vertrauen schenken.

> *Um uns selbst gegenüber mitfühlend sein zu können, ist es wichtig, dass wir uns selbst lieben.*

Wenn du dieses Buch liest, ist das schon ein erkennbares Zeichen der Selbstliebe. Denn das zeigt, dass du daran interessiert bist, dass es dir besser geht, dass deine emotionalen Wunden heilen und sich dein Leben zum Besseren verändert. Das kann man durchaus mit »Ich liebe mich« übersetzen. Und das ist eine sehr gute Nachricht und ein erster wichtiger Schritt zu einer positiven Beziehung mit dir selbst. Jetzt geht es nur noch darum, sie so liebevoll wie möglich zu gestalten.

LIEBEVOLLE BEZIEHUNGEN

Wie würden wir uns in einer Beziehung fühlen, in der uns unser Partner oder unsere Partnerin ständig kritisiert, klein macht, als »dumm« oder »unfähig« bezeichnet? Nicht gut, klar. Würden wir die Beziehung, sei es eine Freundschaft, eine Arbeits- oder eine Liebesbeziehung, weiterführen? Ich hoffe nicht. Aber uns selbst und unseren eigenen Beschimpfungen entkommen wir auf diese Weise leider nicht. Es ist, als hätten wir einen inneren Stalker. Also lenken wir uns lieber durch viel zu viele Aktivitäten, durch das Kümmern um andere oder durch Fernsehen oder Internet von uns selbst ab, statt uns selbst zu spüren. Ja, wir bekommen geradezu Angst vor diesem inneren Kritiker, der uns ständig niedermacht.

Der innere Kritiker vereint in sich alle Menschen, die uns je kritisiert und damit verletzt haben. Im Rudel ist er derjenige, der alle verrückt macht, weil er immer noch kläfft, wenn alle schon schlafen.

So kommen wir nicht weiter. Schluss damit! Es wird wirklich Zeit, liebevoller mit uns selbst umzugehen. Doch wie? Wir haben es ja nie gelernt… Beginnen wir damit, uns an unsere eigene Art, Liebe zu erkennen und zu geben, heranzutasten.

In der folgenden Übung begibst du dich in die Rolle des oder der Geliebten. Dabei ist es egal, ob du einen solchen Menschen in deinem Leben hast oder nicht. Es geht hier vor allem darum, dir bewusst zu machen, woran du Liebe erkennst, damit du sie dir auch selbst auf die für dich richtige Weise geben kannst. In der zweiten Übung in diesem Kapitel bist du der oder die Liebende und prüfst für dich, wie du deine Liebe zeigst.

ÜBUNG: DIE LIEBE ANDERER ERKENNEN

Nimm dir dein Tagebuch oder ein Blatt Papier und schreibe dir auf, woher du weißt oder erahnst, dass dich jemand mag. Orientiere dich an der nachfolgenden Liste und ergänze, was dir noch fehlt.

Er/sie …

- *geht liebevoll mit mir um*
- *ist ehrlich zu mir*
- *lässt mich nicht im Stich*
- *beschützt mich*
- *steht zu mir*
- *hört mir zu*
- *versteht mich, verurteilt mich nicht*
- *lässt mich sein, wie ich bin*
- *unterstützt mich in dem, was ich wirklich will, selbst dann, wenn er/sie es nicht versteht*
- *steht mir zur Seite, wenn ich in Not bin*
- *erkennt meine Bedürfnisse an, selbst wenn sie/er sie nicht versteht oder teilt*
- *interessiert sich für meine Beweggründe*
- *sagt mir auch unangenehme Wahrheiten freundlich und wertschätzend*
- *steht zu seinem/ihrem Wort*
- *hält seine/ihre Versprechen*

Mache dir ausgehend von dieser Liste im nächsten Schritt klar, wie du selbst deine Liebe zeigst. Auf dieser zweiten Liste können natürlich andere Punkte stehen als auf der ersten, denn Liebe drückt sich in vielen Formen aus. Jeder hat seine eigene Art, Liebe zu zeigen und Liebe zu spüren. Es kann also sein, dass du deine Liebe durch Lob zeigst, während dir andere vielleicht Hilfe anbieten oder einfach gern Zeit mit dir verbringen. Die meisten Menschen verstehen eine oder zwei der Sprachen besser als die anderen, ja, sie erkennen Liebe oft gar nicht, wenn sie in der »falschen« Sprache daherkommt. Genauer hinzuschauen und sich klarzumachen, wie vielfältig sich Liebe ausdrücken kann, wie gut oder weniger gut wir selbst sie audrücken, kann sehr hilfreich sein, solche »fremden Sprachen« besser zu verstehen und sie besser sprechen zu lernen.

Es gibt verschiedene »Sprachen« der Liebe: Hilfsbereitschaft, Zärtlichkeit, Zweisamkeit, kleine Geschenke, Lob und Anerkennung.

ÜBUNG: LIEBE ZEIGEN

- *Nimm dir dein Tagebuch oder ein Blatt Papier und schreibe dir auf, wodurch du selbst anderen deine Liebe zeigst.*
- *Bringe mindestens zehn Punkte zu Papier.*
- *Ich zeige meine Liebe, indem ich..............................*
- *Vielleicht wird dir dabei auch noch einmal neu bewusst, wie andere dir ihre Liebe zeigen. Ergänze auf deiner ersten Liste alle Liebesbeweise, die dir hierbei noch einfallen.*

EINE LIEBEVOLLE BEZIEHUNG ZU SICH SELBST

Nachdem wir uns klarer darüber geworden sind, woran wir die Liebe anderer erkennen und wie wir sie anderen zeigen, ist der nächste logische Schritt, diese Erkenntnisse auf uns selbst anzuwenden. Denn das, was für andere Menschen gilt, gilt ganz genauso für uns selbst. Ist das nicht eine großartige Nachricht? Es ist ganz einfach, uns selbst unsere Liebe zu zeigen und diese auch zu fühlen. Wir brauchen uns nur so zu verhalten, als wären wir selbst jemand, den wir wirklich lieben – und uns selbst das geben, was wir für andere so gern tun. In der Selbstliebe sind wir gleichzeitig in der Rolle des Liebenden und des Geliebten.

ÜBUNG: LIEBESBEWEISE AN DICH SELBST

Nimm dir nun bitte die beiden Listen vor. Kreuze dann auf beiden Listen an, was du dir selbst von all diesen Punkten zukommen lässt. Gibst du dir selbst das, womit du anderen Menschen deine Liebe zeigst und was du brauchst, damit du erkennst, du liebst dich? Denke darüber nach, wie du dir selbst deine Liebe zeigen könntest, sodass du sie auch spürst. Zum Beispiel durch:

- *Aufmunternde Worte an dich selbst*
- *Kleine Geschenke an dich*
- *Ein Lächeln, das du dir im Spiegel schenkst*
- *Zeit, die du nur mit dir selbst verbringst und in der du machst, worauf du Lust hast*
- *Loyales Verhalten dir selbst gegenüber*
- *Indem du dich ernst nimmst, dir glaubst, dir selbst zuhörst*

Zu verstehen, was wir brauchen, um Liebe zu spüren und zu schenken, ist ein großer Schritt hin zu uns selbst. Jetzt liegt es an uns: Schaffen wir es, im Alltag liebevoller mit uns umzugehen, oder nicht? Das kostet Mühe und Aufmerksamkeit, wie jede andere Beziehungsarbeit auch. Doch der Gewinn, wenn wir uns endlich von uns selbst geliebt fühlen, ist immens. Wir sind nicht mehr so einsam, wir fühlen uns geborgener, wir sind nicht mehr so abhängig von der Anerkennung anderer! Wir werden nicht mehr so oft verletzt werden, weil wir besser auf uns aufpassen und in der Lage sind, anderen eine Absage zu erteilen, wenn sie uns respektlos behandeln.

Um diese Erkenntnisse im Alltag umzusetzen, ist es hilfreich, öfter am Tag innezuhalten und zu überlegen, wie wir gerade mit uns selbst reden: Sind wir unterstützend mit uns oder machen wir uns nieder? In welchem Ton sprechen wir mit uns, freundlich oder nicht? Immer dann, wenn wir uns dabei erwischen, dass wir unfreundlich und abwertend mit uns selbst umgehen, sollten wir innehalten, uns bei uns selbst entschuldigen und einen freundlicheren Ton anschlagen. Genauso liebevoll, wie wir das mit einem geliebten Menschen tun würden.

Wenn wir uns selbst geben, was wir brauchen, um uns geliebt zu fühlen, und uns so behandeln wie jemanden, den wir lieben, legt das den Grundstein für ein glückliches Leben.

Um uns genau daran immer wieder selbst zu erinnern, können wir im Alltag die folgende Übung heranziehen. Dabei arbeiten wir noch einmal mit unseren Listen der Liebesbekenntnisse, formulieren sie aber diesmal als Ich-Botschaften. Deiner Fantasie sind dabei keine Grenzen gesetzt und deine Liste darf so lang werden, wie immer du magst. Doch selbst eine einzige Botschaft, die du dir dorthin klebst, wo du dich oft aufhältst, programmiert deine Beziehung zu dir selbst um. Deine klar sichtbare Absicht, anders mit dir umzugehen, sorgt dafür, dass du es auch tust.

ÜBUNG: ERINNERE DICH AN EINEN LIEBEVOLLEN UMGANG MIT DIR SELBST

❈ *Für diese Übung brauchst du Klebezettel. Nimm dir dann noch einmal deine drei Listen vor und überlege, welches die für dich wichtigsten Punkte sind. Wenn du dir unsicher bist, helfen dir die folgenden Fragen:*
- *Was würde dir am meisten fehlen?*
- *Woran würde sich zeigen, dass deine Liebe zu jemandem erloschen ist?*

❋ Schreibe jetzt die wichtigsten Punkte in Ichform als
Versprechen auf je einen Zettel. Beispiele:
- Ich bin immer für mich da, wenn ich mich brauche.
- Ich achte auf mich und höre auf die Signale, die mein Körper mir sendet.
- Ich sorge für mich selbst, wie ich für einen geliebten Menschen sorgen würde.
- Ich schätze mich selbst und verurteile mich nicht.

❋ Bringe die Zettel an Stellen in deiner Wohnung an, an denen du diese Botschaften oft siehst.

6. Sich selbst retten: Selbstverantwortung und Selbstfürsorge

Wenn wir aufhören, Rettung im Außen zu suchen, und erkennen, dass wir längst alles in uns haben, was wir brauchen, um in Sicherheit zu sein, dann werden wir wahrhaft frei.

Der Retter in uns selbst

Wie anders wäre das Leben, wenn wir einen Verbündeten an unserer Seite hätten! Der auf uns aufpasst, uns kennt und weiß, was wir brauchen, und der den Mut hat, uns das auch zu geben. Einer, der uns immer gefehlt hat, als wir so sehr entmutigt und verletzt wurden. Der Vater, die Mutter, der Freund oder Partner, den wir damals gebraucht hätten. Ein Retter. Ein Verbündeter. Jemand, der uns all das gibt, was wir auf unsere Liste der Liebesbeweise geschrieben haben.

Aber woher bekommen wir einen solch strahlenden Ritter? Wir haben ihn schon! Wir wissen es nur noch nicht. Er wartet in uns selbst darauf, entdeckt zu werden. Er wird zum Vorschein kommen, wenn wir lernen, uns selbst zu vertrauen, statt auf das zu hören, was andere uns sagen. Die Fähigkeit, uns selbst beizustehen, ist in uns angelegt. Wir müssen sie nur wiedererwecken. Denn mit uns selbst an unserer Seite kann uns nichts mehr erschüttern – und wir können das Abenteuer »Lebendigsein« wagen.

> *Sich selbst der treueste Gefährte zu sein, den man nur haben kann, setzt beinahe unendliche Lebenskraft frei.*

DEN TREUEN RITTER FINDEN

Wenn wir erkennen, dass wir uns selbst geben können, was uns so lange schon fehlt, haben wir einen ganz elementaren Schritt getan. Warum wissen wir das nicht längst? Weil wir unseren eigenen Stärken nicht genügend Beachtung und Glauben geschenkt haben. Weil wir vielleicht nicht einmal wussten, dass wir diese Stärken haben. Wir haben uns darauf konzentriert zu funktionieren, statt für uns zu sorgen.

Wenn wir uns selbst beistehen, gewinnen wir nicht nur den besten und treuesten Verbündeten, den man sich denken kann, wir erhalten auch noch etwas anderes: Unabhängigkeit. Denn unabhängig zu sein bedeutet, frei zu sein. Und das heißt keinesfalls »isoliert und einsam«, sondern sogar weniger einsam. Denn erstens stehen wir uns selbst bei und zweitens sind wir dank dieser Unabhängigkeit viel freier, uns genau die Menschen zu suchen, die uns wirklich unterstützen, mit denen wir großartige Dinge verwirklichen können und die uns lassen, wie wir sind. Weil auch wir sie lassen können, wie sie sind. Denn wir brauchen sie nicht, um unser Leben zu meistern. Damit sind also auch die Menschen in unserer Umgebung frei, für sich selbst zu sorgen.

Die Suche nach Beistand, Bestätigung und Liebe im Außen fügt unseren emotionalen Wunden nur einen weiteren dicken Verband zu. Die eigentliche Heilung liegt in uns selbst.

Stellen wir uns vor, von Menschen umgeben zu sein, die alle unabhängig voneinander leben können und sich genau deshalb umso liebevoller und bewusster umeinander kümmern! Die es sich nicht mehr gegenseitig recht machen müssen, keine faulen Kompromisse eingehen müssen, sondern echte gemeinsame Lösungen finden können. Wenn es möglich wäre, so achtsam miteinander umzugehen, würde niemand mehr verletzt werden. Denn wir können es uns nur dann leisten, den anderen sein zu lassen, wie er ist, wenn wir uns um uns selbst kümmern können.

Die nächste Übung hilft dir, tiefer mit dir selbst in Kontakt zu kommen und diesen wichtigen inneren Anteil kennenzulernen, den wir hier den Retter nennen. Es ist erneut eine Übung mit dem leeren Stuhl.

ÜBUNG MIT DEM LEEREN STUHL: DEN INNEREN RETTER KENNENLERNEN

❊ *Stell wie gehabt zwei Stühle einander gegenüber auf und setze dich auf einen der Stühle. Stell dir dann vor, auf dem leeren Stuhl sitzt dein zukünftiger allerbester Freund, deine ideale Mutter, der perfekte Vater, dein Schutzengel. Alles in einer Person. Ein Wesen, das dich voll und ganz unterstützt, dich liebt, wie du bist, und dir mit Rat und Tat zur Seite steht. Dich rettet und beschützt.*

❊ *Beobachte dich selbst:*
  - *Wie geht es dir, wenn du weißt, da drüben sitzt das Wesen, das dich niemals im Stich lassen wird?*
  - *Spürst du Erleichterung?*

❊ *Wechsle dann den Platz und setze dich auf den leeren Stuhl. Jetzt bist du selbst dieser Retter. Beobachte, wie sich das anfühlt, und versuche, dir diese Fragen zu beantworten:*
  - *Auf welche Weise unterstützt du in der Rolle als Verbündeter dein Gegenüber?*
  - *Was möchtest du dem Menschen dir gegenüber gern sagen?*

❊ *Sprich es, wenn möglich, laut aus und schreibe alles auf, was dir hierbei wichtig ist.*

❊ *Setze dich dann wieder zurück auf den ersten Platz und lass die Übung ausklingen.*

Die Vorstellung, dass wir aus so vielen verschiedenen Anteilen bestehen, mag verwirrend sein. Und die Maßgabe, von jetzt an für uns selbst zu sorgen und uns selbst zu retten, mag etwas aufgesetzt wirken. Das ist immer so, wenn wir etwas Neues lernen. Es fühlt sich bemüht und konstruiert an. Deshalb hilft es, wenn wir zu Beginn einfach so tun, als könnten wir uns retten. »*Fake it, until you make it.*« Es hilft, wenn wir uns immer wieder daran erinnern, dass wir all diese Kräfte schon längst in uns tragen und sie jetzt einfach wachrufen. Und je mehr wir üben, anders mit uns umzugehen, desto realer fühlt sich dieser neue Umgang an.

ES WIRD ZEIT, SICH SELBST ZU RETTEN

Wie wir bereits wissen, gibt es für emotionale Verletzungen keine Zeit. Ungeheilte Wunden verjähren nicht. Die Amygdala merkt sich verletzende Situationen und sorgt dafür, dass wir sie in Zukunft vermeiden. Das ist eine gute Strategie. Sie funktioniert nur nicht wirklich. Denn Stressauslöser zu vermeiden bedeutet, das Leben zurückzustutzen wie einen blühenden Rosenbusch. Und das fortwährend, sodass kaum noch neue Blüten und Triebe entstehen können. Wenn wir zum Beispiel Angst vor dem Fliegen haben, nun, dann fliegen wir eben nicht. Das ist ein klar umrissenes Thema, das nicht unbedingt großen Einfluss auf unser Leben haben muss. Emotionale Wunden hingegen sind komplex und haben Auswirkungen auf alle Lebensbereiche.

Die Erfahrung, verletzt und im Stich gelassen worden zu sein, bringt unsere Amygdala dazu, von nun an solche Verletzungen mit all ihren Auswirkungen zu vermeiden. Aber nicht nur das: Sie sorgt auch dafür, dass wir nicht wieder im Stich gelassen werden. Nie wieder. Denn diese Einsamkeit ist nicht zu ertragen.

Wie macht sie das? Entweder werden wir abhängig von anderen, verbiegen uns bis zur Unkenntlichkeit, um ja nicht wieder alleine dazustehen. Oder wir schotten uns komplett ab und werden zum Einzelkämpfer. Die meisten Menschen zeigen beiderlei Verhalten, je nach Lebensbereich. In dem einen opfern sie sich bis hin zum Burn-out auf, im anderen erlauben sie weder Nähe noch hilfreiche Zuwendungen. Wer sollte uns aus einer solchen Zwangslage retten, wenn nicht wir selbst?

Sich selbst zu retten ist eines der stärksten Mittel, um emotionale Verletzungen endlich hinter sich zu lassen und innerlich frei zu werden.

Dazu müssen wir genau das tun, was wir mit so viel Energie zu vermeiden suchen: Wir müssen uns die Wunde anschauen.

Wir müssen in die verletzende Situation zurückgehen und fühlen, was wir damals gefühlt haben. Wir müssen den Schmerz und die Angst aushalten, aber wir können eine ganz neue Erfahrung machen, wenn wir dann für uns einstehen. Denn plötzlich ist jemand da, der sich um uns kümmert.

Aber ist es nicht ein unzulässiger Trick, das für uns selbst zu tun? Hintergehen wir die Amygdala damit nicht? Nein. Der Amygdala ist es egal, wer uns rettet. Die Hauptsache ist, sie erlebt das Gefühl von Sicherheit, trotz der in emotionaler Hinsicht bedrohlichen Situation. Außerdem können wir uns die Tatsache zunutze machen, dass es in der Amygdala kein Zeitempfinden gibt. Das heißt, auch wenn wir erst heute das tun, was vor dreißig Jahren notwendig gewesen wäre, holen wir uns damit aus der Schockstarre und der Vermeidung heraus. Wir können aushalten lernen, uns selbst als verletzlich zu erleben, und dabei dennoch in der Lage bleiben, für uns selbst ein kompetenter, hilfreicher Erwachsener zu sein – der starke Retter für uns selbst.

Sich selbst zu retten ist sehr klug. Denn es macht uns, wie gesagt, frei und unabhängig. Wir können das Verhalten anderer Menschen nicht beeinflussen, doch unser eigenes Verhalten schon – und mit allem, was wir uns hier Schritt für Schritt aneignen, können wir uns selbst ein für alle Mal aus der verletzenden Situation herausholen. Natürlich gelingt das nicht auf einen einzigen Schlag, aber wenn wir wissen, was uns verletzt hat, wenn wir unsere alte Wunde kennen, dann können wir bewusst in diese frühere Situation hineingehen. Wir können uns auf eine gedankliche Reise machen und die Spuren unserer emotionalen Wunden so lange zurückverfolgen, wie es nötig ist. Und wir können uns dabei immer wieder selbst aus der jeweiligen Situation retten – und zwar unser jüngeres Ich, das diese Verletzung erlebt hat. Die nachfolgende Übung zeigt, wie das gehen kann.

ÜBUNG: DEIN VERLETZTES ICH RETTEN

- *Mache es dir im Sitzen oder Liegen bequem und schließe die Augen. Erlaube, dass sich dir eine Situation zeigt, die auch heute noch an dir nagt.*
- *Vertraue deinen inneren Bildern und frage dich:*
  - *Wie geht es deinem damaligen Ich?*
  - *Wo ist es, was braucht es? Nimm dir Zeit, die Situation zu erkennen.*
  - *Worin bestand die Verletzung?*
  - *Was fühlt das Ich, das damals verletzt wurde?*
- *Nun stell dir bitte vor, dass du als der starke Retter, den du kennengelernt hast, mit in diese Situation hineingehst. Nimm dein damaliges Ich in den Arm. Sage ihm: »Ich bin jetzt für dich da. Ich bin gekommen, um dich zu retten.«*
- *Hole dein jüngeres Ich aus der Situation heraus, wie du das für deinen besten Freund oder dein Kind tun würdest. Gib ihm Halt und Trost.*
- *Stell dir als Nächstes vor, dass du zu denjenigen hingehst, die dein damaliges Ich verletzt oder im Stich gelassen haben. Stell dich vor diese Personen und sage ihnen laut und deutlich oder in Gedanken: »Ich erlaube nie wieder, dass ihr diesen Menschen (oder dieses Kind) verletzt. Ich nehme dieses Kind, diesen Menschen jetzt zu mir. Er steht jetzt unter meinem Schutz.«*
- *Beschütze dein damaliges Ich, als wäre es ein eigenständiges Wesen, für das du verantwortlich bist. Verlasse nun mit ihm zusammen das Zimmer und das Haus, in dem ihr seid.*
- *Kehre in die Gegenwart zurück und schreibe dir auf, was du erlebt hast. Nimm dir Zeit für deine Erkenntnisse.*

Es mag sich noch immer ungewohnt anfühlen, uns selbst oder einem unserer früheren Ichs in Gedanken zu begegnen. Doch letztlich nutzen wir einfach nur zwei Gehirnteile gleichzeitig: Wir rufen eine Erinnerung im limbischen System auf und schalten die Großhirnrinde dazu. In dem gereiften präfrontalen Kortex sitzen Selbstverantwortung, kreative Schöpferkraft, bewusstes Mitgefühl, bewusste Spiritualität und die Fähigkeit, konstruktive und soziale Lösungen zu finden. Wenn wir diesen Teil unseres Gehirns aktivieren, üben wir das, was wir nicht können, wenn wir vor lauter Gefühlen gestresst sind, nämlich klar denken und handlungsfähig bleiben. Es ist deshalb sehr sinnvoll, die »Rettungsübung« regelmäßig durchzuführen. Wir brauchen vorab nicht einmal zu wissen, welche alten Wunden geheilt werden wollen, sondern dürfen darauf vertrauen, dass unser verletztes Ich uns während dieser Reise dorthin führt, wo es uns braucht.

> Wir können lernen und automatisieren, den Schulterschluss mit uns selbst herzustellen, die innere Spaltung aufzuheben und uns zur Seite zu stehen.

Mit dieser Übung übernehmen wir Verantwortung für uns selbst und lernen, dass wir die Möglichkeit haben, auch Vergangenes in Ordnung zu bringen. Wir löschen damit tatsächlich die schmerzlichen Gefühle, weil wir die Erfahrung von Sicherheit und Geborgenheit machen. Es ist wirklich so einfach! Wir müssen es nur tun. Üben wir das ein wenig, dann geht das ganz schnell, wie nebenbei. Gleichzeitig lernen wir, uns nie wieder verletzen zu lassen. Es ist nie zu spät für ein glückliches Leben! Was soll noch passieren, wenn wir wissen, wir sind nie wieder alleine, wir haben einen so machtvollen Verbündeten an unserer Seite?

Der innere Retter lernt:
- Ich kann mich retten.
- Ich bin auf sehr gesunde Weise machtvoll.
- Ich bin kein Opfer mehr.
- Ich kann Verantwortung für mich selbst übernehmen.
- Ich übernehme diese Verantwortung auch.

Das Ich, das damals verletzt wurde, lernt:
- Ich werde gerettet.
- Ich bin nicht mehr ausgeliefert und kein hilfloses Opfer mehr.
- Ich bin nicht mehr allein. Jemand tritt für mich ein.
- Ich bin es wert, dass man mir hilft.
- Ich kann mich entspannen und in Sicherheit fühlen.
- Ich bin nie wieder einsam.

DIE SELBSTRETTUNG NOCH EINMAL IM ÜBERBLICK:

- Wir lassen eine Erinnerung in uns hochsteigen oder wir gehen bewusst in eine schmerzliche Situation.
- Wir schauen auf unser damaliges Ich und fühlen, was es fühlt. Das Fühlen ist wichtig, sonst erreichen wir die Amygdala, den Auslöser, nicht.
- Wir stellen uns vor, dass wir als der Retter, den wir kennengelernt haben, mit in die Situation hineingehen. Wir sind nun also zweimal da.
- Wir tun für unser damaliges Ich, was wir für einen Menschen tun würden, den wir sehr lieben. Können wir uns das nicht vorstellen, so wissen wir vielleicht, wie es sich anfühlt, ein Tier zu beschützen. Diese Fürsorge brauchen wir jetzt.
- Wir verteidigen unser jüngeres Ich, indem wir zu denjenigen gehen, die es verletzt haben, und ihnen das von nun an untersagen.
- Danach nehmen wir uns ein bisschen Zeit und schreiben auf, wie es uns geht und was wir erkannt haben.

Selbstfürsorge

Die meisten Menschen haben nie gelernt, liebevoll und unverbrüchlich zu sich selbst zu halten, für sich einzustehen und auf sich aufzupassen. Viele Menschen wissen nicht mal, dass sie das dürfen und auch müssen, wenn sie gesund bleiben wollen.

In der Selbstfürsorge achten wir darauf, dass wir uns geben, was wir brauchen. Aber woher wissen wir, was das ist? Indem wir uns achtsam zuhören. Uns glauben. Und uns ernst nehmen. Das haben wir schon im Kapitel zur Achtsamkeit erfahren.

In der Selbstfürsorge haben wir die anderen durchaus im Blick. Doch nicht an erster Stelle und schon gar nicht ausschließlich. Denn für andere können wir nur da sein, wenn wir selbst gut versorgt und genährt sind. Wenn ich Geld für eine gute Sache spenden will, muss ich es übrig haben. Nachdem ich meine Miete, den Strom, die Steuer, meine Nahrung und das Katzenfutter bezahlt habe. Die neuen Schuhe kann ich mir verkneifen, damit ich etwas zum Spenden habe. Aber nicht die gesunde Nahrung für mich und die, die ich versorge. Denn wenn ich selbst bedürftig werde, dann kann ich bald nichts mehr für andere tun.

In der Selbstfürsorge nehmen wir die eigenen Bedürfnisse ernst. In dem Wissen, dass die eigenen echten Bedürfnisse uns sagen, was wir wirklich brauchen, um gesund und erfüllt zu sein.

Es fühlt sich nur deshalb so kompliziert an, gut für uns selbst zu sorgen, weil wir immer versuchen, es anderen recht zu machen statt uns. Und weil wir nie gelernt haben, unsere eigenen Bedürfnisse als das zu erkennen, was sie sind: eindeutige Hinweise unseres Körpers und unserer Psyche, die uns zeigen, was wir tun müssen, um gesund zu bleiben.

Leider sitzen wir oft genug dem Irrtum auf, unsere Bedürfnisse stünden zur Verhandlung, seien lediglich Vorschläge, die unser Inneres uns unterbreitet. Wir glauben, wir hätten die Wahl, ob wir sie uns erfüllen oder nicht. Nun, die Wahl haben wir tatsächlich. Doch die Konsequenzen tragen wir auch, wenn wir uns nicht geben, was wir brauchen: Dann fühlen wir uns von uns selbst im Stich gelassen, und das stimmt ja auch.

GESUNDE ENTSCHEIDUNGEN:

- Schlafe, wenn du müde bist.
- Nimm gesunde Nahrung zu dir, wenn du Hunger hast.
- Trinke genug Wasser.
- Bewege dich genügend. Am besten in der Natur.
- Beende ungesunde Beziehungen und führe Beziehungen, die dir guttun.
- Sorge dafür, dass du eine Arbeit hast, die dich erfüllt.
- Lebe in einer Umgebung, die dich inspiriert und die dir Geborgenheit schenkt.
- Entferne alles aus deinem Leben, das dir Kraft raubt. Dinge, Beziehungen, Gewohnheiten.
- Finde heraus, wofür du wirklich brennst, und tu das. Egal, ob du damit Geld verdienst oder nicht, ob es deiner Familie gefällt oder nicht. Und egal, wie alt du bist.
- Lebe mit Tieren, wenn es dich erfüllt.

Und wir können es uns nicht oft genug bewusst machen, deshalb schreibe ich es immer wieder: Wenn wir uns nicht in uns selbst sicher und gut aufgehoben fühlen, dann suchen wir diese Sicherheit im Außen. Wir verbiegen uns, damit wir sie bekommen. Das funktioniert natürlich nicht auf Dauer. Das spüren wir, verbiegen uns noch mehr und machen alles immer schlimmer, wie uns das Beispiel von Michael zeigt.

MICHAELS VERSTRICKUNG

Michael, ein Mann Mitte fünfzig, der sein Leben lang gemacht hat, was andere ihm sagten, wird wütend, wenn er diese Liste liest. Weil er nicht weiß, wie er diese Punkte für sich umsetzen soll. Er sagt im Coaching, dass er ja wohl auf die wenigsten dieser Punkte einen Einfluss habe. Das ist verständlich, stimmt aber nicht. Michael darf heute und jetzt die Entscheidung treffen, zumindest die Lebensbereiche zu verändern, die er verändern kann. »Ich weiß, ich sollte mehr in die Natur gehen. Und einen Hund haben«, sagt er, und das bedeutet nichts anderes als: »Wenn ich glücklicher werden will, muss ich das tun.«

Was hätte Michael davon, sich selbst seine Bedürfnisse zu erfüllen?

- *Er wäre ein viel besserer Partner. Weil er seine Frau nicht mehr nötigen würde, für ihn da zu sein und sich seine Klagen anzuhören.*
- *Michael wäre vermutlich gesünder. Weil er sich um sich selbst kümmern würde.*
- *Er könnte klarer denken. Weil das Denken nicht mehr den ganzen Tag darum kreisen würde, wie er endlich sein Leben in den Griff bekommen könnte. Damit wäre sein Kopf frei für großartige Visionen.*
- *Michael wäre selbstbestimmt und innerlich freier. Und damit sehr zuverlässig. Wenn er Ja sagen würde, dann würde er auch Ja meinen, und bei Nein wäre er genauso ehrlich.*

- Michael wäre ein besserer Mitarbeiter oder gar sein eigener Chef. Weil er tun würde, was er liebt. Oder zumindest auf dem Weg dahin wäre.
- Er könnte Verantwortung übernehmen, weil er auch Nein sagen kann. Denn echte Verantwortung kann man nur dann übernehmen, wenn man auch die unangenehmen Konsequenzen seiner Entscheidungen tragen kann.
- Michael wäre nicht mehr so erschöpft. Weil er nicht mehr so viel Energie damit vergeuden würde, sich selbst anzutreiben und auch das Letzte aus sich herauszupressen.

Wenn Michael sich selbst gibt, was er braucht, dann ist er gerüstet, auch wenn es mal schwierig wird. Er bricht nicht sofort zusammen, sondern kann auch dann für sich und andere da sein, wenn die Dinge aus dem Ruder laufen. Genau dafür schafft Michael sich auf diese Weise Energiereserven.

Michael hätte all diese Dinge natürlich längst für sich umsetzen können, aber er wusste eben nicht, dass er das kann. Und darf. Weil er nie bewusst die Entscheidung getroffen hat, gut für sich zu sorgen. Dazu musste er sich einige alte Wunden anschauen und sich selbst retten. Im Coaching lernte er, sich aus all den Situationen herauszuholen, in denen er für andere da sein musste, statt den eigenen Bedürfnissen zu folgen. Weil er viel zu viel Verantwortung für andere getragen hatte, kam er gar nicht auf die Idee, dass er selbst auch etwas brauchen durfte. Geschweige denn kam ihm der Gedanke, dass er seine Tatkraft, die er so aufopferungsvoll für andere einsetzte, auch für sich selbst und die Erfüllung seiner eigenen Bedürfnisse nutzen dufte...

Wenn man erst mal weiß, dass man alles, was man für andere tut, auch und erst recht für sich selbst tun kann, darf und auch sollte, wird Selbstfürsorge zur Selbstverständlichkeit.

RITUALE

Damit wir lernen, gut für uns zu sorgen, ist es sinnvoll, uns bewusst Zeiten der Selbstfürsorge zu schaffen. Jeden Tag. Tun wir das nicht, so ist am Ende des Tages wieder keine Zeit für uns übrig. Hilfreich ist dabei, solche Übungen zur täglichen Routine zu machen, sie als »Momente der Selbstfürsorge« in unserem Tagesplan zu verankern und sich also immer zur selben Zeit des Tages dafür Zeit zu nehmen.

Nachfolgend stelle ich drei Übungen für mehr Selbstfürsorge vor. Fange mit diesen Übungen an und mache mindestens eine davon täglich, es kann auch jeden Tag eine andere sein.

MOMENTE DER SELBSTFÜRSORGE

1. Tägliche Morgenübung

- *Nimm dir etwas zu schreiben und zehn, fünfzehn Minuten Zeit.*
- *Nimm den Stift in die Hand, schlage dein Tagebuch auf. Atme ein paar Mal tief durch und schreibe einfach auf, was dir in den Sinn kommt. Egal, was es ist. Es braucht keinen Sinn zu ergeben, keine Antworten zu enthalten. Bringe einfach all deine Gedanken zu Papier, bis du dich befreit und erleichtert fühlst.*
- *Mit dieser Übung leerst du deinen inneren Gedankenmülleimer, indem du all deine halbgedachten, halbbewussten Gedanken, die sich dort angesammelt haben, aus dir herauslässt. So können Ruhe und Frieden einkehren und du schaffst Raum für deine Kreativität.*
- *Halte durch. Nimm dir die Zeit dafür und mache das möglichst jeden Tag. Irgendwann wirst du auf einmal andere Gedanken in dir wahrnehmen, größere, klügere – die dann endlich Platz in dir haben.*

2. Nach innen gehen

- *Halte öfter am Tag inne und frage dich: Was brauche ich gerade? Die wahre Antwort zu finden kann schwierig sein, wenn du es gewohnt bist, auf diese Frage mit einem Suchtmittel zu antworten. Doch hier geht es um das, was du wirklich brauchst, nicht um eine Ersatzbefriedigung.*
- *Nimm ernst, was du brauchst. Hinterfrage und verurteile deine wahren Bedürfnisse nicht.*
- *Sorge dafür, dass du es dir zeitnah gibst, wenn möglich noch am gleichen Tag. Du übst dadurch, deinen Impulsen Handlungen folgen zu lassen, und verknüpfst bestimmte Hirnteile miteinander. Irgendwann wird es selbstverständlich zu tun, was sich gut anfühlt, und dir damit selbst Kraft zu geben.*

3. Nach außen gehen

- *Gehe jeden Tag in die Natur, ein paar Minuten. Schweigend. Und allein. Nutze die Natur, die sich dir bietet, auch wenn es nur ein kleiner Park ist.*
- *Lehne dich an einen Baum, schau einer Blume ins Gesicht, lausche einem Bach. Du bist ein Teil dieser Natur. Indem du bewusst Zeit mit ihr verbringst, erinnerst du dich an die Natur in deinem Inneren.*

NEINSAGEN IST LEICHT

Wir haben bereits in Kapitel 2 über die »Symptome«, durch die sich emotionale Wunden zeigen, gesehen, dass Neinsagen etwas ist, das schon durch eine frühkindliche Konditionierung beeinflusst wird. Wenn wir als Kind direkt oder indirekt in ein Ja gezwungen wurden, wo wir ein inneres Nein gefühlt haben, dann wird es uns auch im Erwachsenenalter schwerfallen, ein klares Nein zu formulieren – genauso wie es schwerfällt, bei einem einmal ausgesprochenen Nein zu bleiben.

Es scheint eines der schwierigsten Dinge des Lebens zu sein, jemandem eine Absage zu erteilen. Das kommt natürlich daher, dass wir noch immer den Liebesentzug fürchten, mit dem wir als Kind bestraft wurden. Doch heute sind wir keine Kinder mehr. Wir können uns unsere Schokolade selbst kaufen, und das wissen wir auch. Warum ist es also immer noch so schwer, sich abzugrenzen? Wovor haben wir eine solche Angst? Und vor allem – wie können wir das ändern?

Es fällt wohl niemandem leicht, andere zurückzuweisen. Man muss schon sehr hartgesotten sein, um jederzeit, ohne mit der Wimper zu zucken, Grenzen setzen zu können. Oft verwenden wir jede Menge Energie darauf, unser Nein schön zu verpacken, ihm alles Kalte, Spitze und Verletzende zu nehmen, das wir selbst in ihm sehen. Wir sind überzeugt, jemandem ein Nein zu geben sei viel schwerer als ein Ja. Aber was wäre, wenn das gar nicht stimmte? Was wäre, wenn Neinsagen genauso leicht wäre wie ein Ja? Denn so ist es. Wir sagen die ganze Zeit Nein, und das mühelos. Nämlich zu uns selbst. Immer dann, wenn wir nicht tun, was wir in diesem Moment wirklich wollen.

> *Nein zu sagen ist nicht das Problem. Die eigenen Bedürfnisse ernst zu nehmen, das ist das eigentliche Thema.*

Die nächste Übung bietet dir eine kleine Alltagshilfe, wenn es nötig wird, in dich hineinzuspüren und dich abzugrenzen. Du kannst sie vor Telefonaten (besonders mit deinen Eltern!) anwenden, vor Gesprächen oder Verhandlungen so wie allen schwierigen Lebenssituationen, bei denen du Unterstützung brauchst. Sie ist ein Weg, um dir auf spielerische Weise klarzumachen, was du willst, und genau darauf fokussiert zu sein statt auf das, was andere von dir erwarten. Damit du auf dieser Basis entscheiden kannst, ob du Ja oder Nein sagen möchtest.

ÜBUNG MIT DER HEILENDEN ACHT: IN DER EIGENEN KRAFT BLEIBEN

- *Besorge dir eine Rolle goldenes oder silbernes Geschenkband. Schneide circa 2,5 Meter ab und knote die Enden zusammen. Lege nun das zusammengeknotete Geschenkband zu einer Acht auf den Boden.*
- *Setze dich in eine der beiden Schlaufen.*
- *Stell dir vor, derjenige, mit dem du etwas klären oder von dem du dich abgrenzen willst, sitzt dir gegenüber in dem anderen entstandenen Kreis. Der Kreuzungspunkt der Acht liegt zwischen euch.*
- *Schau zu dem Gegenüber hin und sage laut: »Ich lasse deines bei dir und ich nehme meines zu mir zurück.«*
- *Stell dir nun vor, die goldene oder silberne Acht kreist um euch herum, als wäre sie ein Transportband. Beim Kreisen bringt die heilende Acht alles zu dir zurück, was zu dir gehört, und entfernt alles von dir, was zu deinem Gegenüber gehört.*
- *Erlaube dir loszulassen. Lege in Gedanken alles auf das Transportband, das du zurückschicken willst. Du kannst den anderen immer noch sehr lieben und ihm auch nah sein. Die heilende Acht trennt nur das, was sowieso nicht zu dir gehört.*
- *Jetzt denke noch mal an das, wozu du eventuell Nein sagen willst. Schau zu dem gedachten Gegenüber hin. Sage laut: »Ich stehe dafür nicht zur Verfügung«, wenn du spürst, du willst sein Anliegen nicht erfüllen. Bist du nicht sicher, dann sage den Satz einfach probehalber. Während du ihn aussprichst, wirst du merken, ob er passt oder nicht.*
- *Stehe dann auf und entferne die gelegte Acht bewusst vom Boden. Damit entlässt du auch dein Gegenüber aus dieser Übung. Er oder sie war ja zumindest in Gedanken anwesend.*

Während eines Telefonates oder Gesprächs kannst du dir vorstellen, mit deinem Gegenüber in der Acht zu sitzen. Ich male oft einfach eine Acht auf einen Zettel, um mich daran zu erinnern, dass ich zuallererst mich selbst spüren darf. Auch und gerade wenn der andere so bedürftig ist. Grenzen setzen zu lernen ist die wichtigste Eigenschaft, die man braucht, um nicht erneut verletzt zu werden.

Das Wunder ist: Auch der andere fühlt sich auf Dauer besser, wenn wir uns abgrenzen. Vielleicht nicht gleich. Zunächst mag es ungewohnt sein. Doch wenn wir einfach freundlich bei uns bleiben, dann hat der andere auf einmal Gelegenheit, sich selbst zu spüren. Die Acht verschafft auch ihm Freiraum. Wenn wir aus dem sicheren inneren Erwachsenen heraus agieren, dann aktiviert das auch im Gegenüber den entsprechenden Gehirnteil. Und wenn wir zeigen und sagen, dass wir bei uns selbst sind und bei uns selbst bleiben, und dieses Einstehen für uns selbst und unsere Bedürfnisse freundlich formulieren, muss das Nein kein verletzender Speer sein, der sich in die Empfindungen unseres Gegenübers bohrt. Ein Nein ist per se nichts Böses, Spitzes oder Gemeines, es ist einfach eine der möglichen Entscheidungen darüber, ob wir etwas wollen oder nicht, ob wir zur Verfügung stehen oder nicht. Ein freundliches, authentisches und klares Nein ist auch für unser Gegenüber besser als jedes halbherzige, unaufrichtige Ja, das wir dann womöglich wieder zurücknehmen, wenn uns klar wird, dass wir unser Nein übergangen haben.

Ich erlebe es wirklich so: Wie ich in den Wald hineinrufe, so schallt es heraus. Also rufe ich freundlich und klar und sage, was ich will. Dann bekomme ich das Gleiche zurück.

Sicherheit für das innere Kind

Wie schön wäre es, wenn wir zumindest zeitweise ein Kind mit einer glücklichen Kindheit sein könnten: geschützt, geliebt, wir dürften spielen, uns ausruhen, tun, was immer wir wollten! Wir könnten uns entspannen, alles Schwere abfallen lassen, Verantwortung abgeben und das Leben genießen. Alte Wunden gäbe es nicht, wir wären ja immer sicher, geschützt und gut aufgehoben.

Der Alltag wäre so viel leichter, wenn wir wüssten, dass in uns ein glückliches Kind lebt, das lachend auf einem Pony sitzt, mit Engeln fliegt (doch, doch, Kinder können das) oder selig im weichen Gras schläft – und das auch, während wir im Außen Schwierigkeiten meistern, Aufgaben erledigen und Verantwortung tragen. Was wäre, wenn wir wüssten: Das Kind, das wir waren, das so einsam war und so vieles ertragen musste, ist nun in Sicherheit am schönsten Ort der Welt und gleichzeitig innig mit uns verbunden?

Wenn wir das innere Kind sicher und geschützt in uns wissen, können wir aus dem inneren Erwachsenen heraus handeln und von nun an fest und stabil für uns einstehen.

Doch wer ist es, der Angst hat, nicht geliebt zu werden? Und der deshalb zu anderen Menschen nicht Nein sagen kann? Der fast ausschließlich auf seine Sicherheit bedacht ist? Unser inneres Kind. Damit es aufhören kann, diese Sicherheit im Außen zu suchen, braucht es einen sicheren Ort im Inneren. Weil das innere Kind ein äußerst emotionaler und intuitiver Anteil von uns ist, nutzen wir innere Bilder, um ihm das Gefühl der Sicherheit zu vermitteln.

> **WAS VERMITTELT EINEM KIND SICHERHEIT?**
>
> - Es weiß sich geliebt.
> - Es weiß sich von jemandem beschützt, der groß und stark ist und es deshalb auch beschützen kann.
> - Es darf sein, wie es ist: fühlen, was es fühlt, brauchen, was es braucht, wollen, was es will.
> - Es wird gehört, gesehen, wahrgenommen und es wird ihm geglaubt.
> - Seine Bedürfnisse werden erfüllt. Und nicht infrage gestellt.
> - Es darf spielen und Abenteuer erleben. Es darf sich ausruhen und für sich sein.
> - Es hat einen sicheren Ort.

DEN ORT FÜR UNSER INNERES KIND FINDEN

Wir hatten ja schon im Kapitel zu den inneren Anteilen davon gesprochen, dass unser Kind einen sicheren Ort braucht (Seite 76). Jetzt geht es darum, ihm in unserer Vorstellung diesen wundervollen Ort zu geben, an dem es beschützt wird und all das tun darf, was es braucht, um sich glücklich und sicher zu fühlen. Dieser Ort ist sicher, weil niemand hineinkommt, wenn wir das nicht ausdrücklich erlauben. Er ist sicher, weil es jemanden an diesem Ort gibt, dem wir wirklich vertrauen und der auf unser inneres Kind aufpasst. Das kann ein spirituelles Wesen oder ein Actionheld sein, aber auch ein Fabeltier, ein Märchenwesen oder eine reale Person. Es gibt an diesem gedachten

Ort Tiere, Blumen, Bäume, Lieblingsmärchenfiguren. Und das Wichtigste ist: Dieser Ort liegt in uns selbst.

Manche Menschen haben den Eindruck, sie würden ihr inneres Kind wegschicken, wenn sie es irgendwohin bringen. Und das wollen sie nicht. Auch weil sie selbst als Kinder ständig weggeschickt wurden. Aber wie wir in der folgenden Übung sehen werden, bringen wir unser Kind an den schönsten Platz in uns selbst. An den Ort in unserem Körper, an dem wir die meiste Wärme, Sicherheit und Geborgenheit spüren. Wir schicken das innere Kind nicht weg. Sondern wir holen es nach Hause.

ÜBUNG: DEN SICHEREN ORT IN UNSEREM KÖRPER ERSPÜREN

- *Setze oder lege dich bequem hin. Atme ganz bewusst ein paar Mal ein und aus und schließe die Augen.*
- *Beobachte, in welchem Körperteil du dich am wohlsten fühlst.*
- *Erlaube deinem Körper, deine Hand zu der Stelle zu führen, die sich sicher anfühlt. Er kennt sich, vertraue ihm. Das kann der Kopf sein, das Herz, aber auch die Leber oder der linke Oberschenkel.*
- *Atme dort hinein und fühle die Sicherheit, die sie dir gibt.*
- *Mache dir bewusst: Hier siedeln wir den sicheren Ort für dein inneres Kind an!*
- *Merke dir die Körperstelle, öffne die Augen und freue dich: Es gibt ihn, den sicheren Ort in dir. Das ist doch großartig!*

Vielleicht hilft dir bei dieser Übung und für die Vorstellung, dein inneres Kind in dir selbst in Sicherheit zu bringen, auch das Bild einer Matroschkapuppe. Denn sie ist die schützende Hülle für viele kleinere Puppen und veranschaulicht damit sehr schön die Beziehung zwischen dem inneren Erwachsenen und dem inneren Kind. Die kleinste Puppe in diesem Bild sind wir selbst als Baby. Im Laufe unserer Entwicklung entsteht die nächstgrößere

Puppe und bringt all das neue Wissen und Bewusstsein mit, das wir bis dahin erworben haben. Die größte Puppe steht schließlich für den am meisten gereiften, erwachsenen Anteil in uns, der ab einem bestimmten Alter sein Leben alleine meistern kann. Diese Puppe ist diejenige, die handelt und die Entscheidungen trifft. Wenn sich hingegen eine kleinere Puppe, die eigentlich nach innen gehört, nach außen schmuggelt und versucht, eine Erwachsenenangelegenheit zu regeln, dann kann das nur schiefgehen. Auch deshalb gehören die Kleinen in einen Platz in unserem Inneren, wo sie in paradiesischer Sicherheit sind und klein sein dürfen. Mit der folgenden Übung kannst du diesem inneren Ort eine Gestalt geben. Sie basiert auf dem Prinzip des Visionboards. Du brauchst dafür also Bildmaterial aus Zeitschriften oder aus dem Internet, Schere, Kleber und Papier und außerdem ein Bild von dir als Kind. Wenn du gut malen kannst, kannst du das Ganze auch zeichnerisch umsetzen.

ÜBUNG: EIN PARADIESGARTEN FÜR UNSER INNERES KIND

- *Suche ein Bild von dir als Kind heraus und Bilder, die sich für die Ausgestaltung deines Paradiesgartens eignen: dem idealen und sicheren Ort für dein inneres Kind. Suche nach Dingen, die dein inneres Kind glücklich machen würden.*
- *Nimm dir dann zunächst etwas zu schreiben und beginne damit, diesen Paradiesgarten mit Worten zu entwerfen. Beschreibe den Ort so genau, dass du ihn dir wirklich vorstellen kannst. Er ist veränderbar und kann morgen schon anders sein, deshalb muss nichts an dieser Beschreibung perfekt sein.*
- *Gestalte auf dieser Grundlage auf einem großen Blatt Papier eine Collage. Klebe ein Bild von dir als kleines Kind in die Mitte. Klebe um dieses Kind herum all die Dinge, die dein Kind in seinem Paradiesgarten gern haben würde. Erschaffe dem Kind in dir den idealen Ort.*

EINZUG INS PARADIES

Wenn wir unser inneres Kind unbeaufsichtigt in unserer inneren Landschaft herumstromern lassen, wird es sich automatisch in unser Leben einmischen. Eine der kleineren Matroschkapuppen, die eigentlich nach innen gehört, taucht auf und pfuscht der großen ins Handwerk. Wieso ist das noch mal so? Weil unser inneres Kind ein Sinnbild für unser unreflektiertes, affektgesteuertes Emotionalhirn ist. Das ist entwicklungsgeschichtlich älter als der bewusstseinsorientierte präfrontale Kortex. Und somit ist es auch stärker. Denn dieses im Stich gelassene Kind steht noch immer an der gleichen Stelle wie damals, befindet sich noch immer in der verletzenden Situation. So, als wäre die Zeit einfach stehen geblieben, und genauso handelt unser inneres Kind auch, solange es sich verletzt und nicht sicher fühlt.

Durch einen sicheren Ort geben wir unserem verletzlichsten inneren Anteil eine sichere Heimat in uns. Mit dem Paradiesgarten haben wir diese perfekte Umgebung geschaffen.

Mit dem Paradiesgarten haben wir ihm einen Ort geschaffen, an dem es eine sichere Heimat hat. Für das Heilen emotionaler Wunden ist das wie ein kindgerechtes Krankenhaus, in dem das innere Kind bekommt, was es braucht, um von seinen Verletzungen zu genesen. Und wir bekommen die Gewissheit: Es ist sicher. Wir werden sofort spüren, dass wir weitaus weniger verletzlich sind und viel klarer denken können. Die Amygdala kann »Alles in Ordnung« melden.

Durch die Übung mit der wir »Von Angst auf Lösung umschalten« (siehe Seite 65), können wir diesen Effekt ganz wunderbar unterstützen und verstärken. Wir können dann die innere Habachtstellung aufgeben und legen nicht nur den gedachten Schalter um, sondern sorgen auch dafür, dass er in dieser Stellung bleiben kann.

ÜBUNG: DEN PARADIESGARTEN BETRETEN

- *Setze oder lege dich bequem hin und schließe die Augen. Wenn du möchtest, kannst du dir die folgende Übung auch vorlesen lassen oder vorab auf Band sprechen.*
- *Male dir aus, du gehst über eine Brücke in eine zauberhafte Landschaft hinein. Die Landschaft schenkt dir Ruhe und Kraft und du gehst ein wenig spazieren. Stell dir nun vor, du triffst hier dein inneres Kind. Es kann jedes Mal ein wenig anders aussehen oder ein anderes Alter haben, das ist okay. Sage dem Kind: »Es gibt einen wunderschönen Ort, an dem kannst du spielen und glücklich sein und bist sicher und geschützt. Da gehen wir jetzt hin.«*
- *Zusammen mit dem Kind gehst du einen wunderschönen Weg entlang und gelangst mit ihm an ein geschlossenes Tor. Du klopfst an das Tor und wie von selbst öffnet es sich. Nur wenn du es bist, der klopft, öffnet es sich. Das weißt du auf einmal. Das ist gut so. Denn hinter dem Tor befindet sich das Paradies des inneren Kindes. Es ist genau der Ort, den du dir ausgemalt hast – nur noch schöner.*
- *Eine sehr vertrauenerweckende Gestalt kommt auf dich zu und sagt: »Ich hüte diesen Ort und meine Aufgabe ist es, für das Kind da zu sein. Ich gebe ihm alles, was es braucht, um glücklich zu sein.« Du spürst, dass du dieser Gestalt vertrauen kannst. Dein inneres Kind geht auf sie zu und umarmt sie.*
- *Du weißt nun, dass dein inneres Kind in besten Händen ist.*
- *Verlasse den Paradiesgarten und gehe über die Brücke zurück in den Raum, in dem du dich befindest, und fühle dich handlungsfähig und erwachsen.*

Jeden Morgen, bevor wir aufstehen, können wir ab sofort unser inneres Kind an den sicheren Ort in uns bringen. Dann beginnen wir unseren Tag. Wenn wir mit Menschen in Kontakt kommen, die uns verletzen könnten, und dazu gehören vermutlich vor allem unsere Eltern, schauen wir noch einmal nach, ob das innere Kind wirklich sicher und geborgen im inneren Paradies ist. Wir werden sehr viel freier und klarer auftreten und wir werden endlich Nein sagen können. Und dadurch sehr viel Respekt erlangen.

Eine bessere Vorsorge gegen erneute Verletzungen können wir gar nicht treffen. Wir brauchen diesen sicheren Ort, an dem unsere Verletzungen heilen können, unser Privatsanatorium, unseren Wellnesstempel, Abenteuerspielplatz und Rückzugsort.

KRAFTGEDANKEN

- Ich weiß mein inneres Kind sicher und geschützt im Paradiesgarten.
- Ich weiß, mein inneres Kind heilt, wenn es in mir sicher ist.
- Der sichere Ort schenkt mir Freiheit und Klarheit, weil das innere Kind keine Angst mehr hat.
- Die Sicherheit für das innere Kind ist der Balsam, der die alten Wunden heilt.

Dabei ist wichtig: Du allein bestimmst, wer die Kontrolle über den inneren sicheren Ort hat und wer hineinkommt und wer nicht.

7. Frieden schließen mit dem, was war und ist

Inneren Frieden erlangen wir, indem wir den Groll und die Rachegedanken hinter uns lassen. Wir geben es auf, vom anderen Reue und eine Bitte um Vergebung zu fordern, und entscheiden uns, einen Schlussstrich unter die alte Rechnung zu ziehen.

Selbsterkenntnis

Wenn uns emotionale Verletzungen in der Kindheit zugefügt wurden, dann hatten wir in Bezug auf unsere Reaktion keine Wahl. Weil wir in Sicherheit bleiben wollten, bleiben mussten. Aber als Erwachsene sind wir für uns selbst verantwortlich. Deshalb müssen wir uns auch der unbequemen Frage stellen, ob wir wirklich nur Opfer sind. Und ob wir nicht selbst zu den ungeheilten Wunden, die uns beschäftigen, beigetragen haben könnten. Die Antwort auf diese Frage ist ein wichtiger Schritt in Richtung Selbstverantwortung und in Richtung Heilung.

Jedes erlittene Unrecht birgt eine Chance inneren Wachstums. Jede alte Wunde zeigt uns, was wir von nun an anders und besser machen können.

Aber wie könnten wir überhaupt selbst an unseren Verletzungen und ungeheilten Wunden eine Mitverantwortung tragen? Erinnern wir uns an die »Symptome«, durch die sich unser inneres Kind zeigt (auf Seite 75, in Kapitel 3). Durch ganz ähnliche Verhaltensweisen tragen wir selbst zu verletzenden Situationen bei. Zum Beispiel, indem wir nicht sagen, was wir wirklich wollen. Aus Angst, nicht mehr gemocht zu werden, oder aus Angst, andere zu verletzen. Wir lassen zu, dass Dinge über unseren Kopf hinweg entschieden und wir übergangen werden. Nicht absichtlich natürlich, aber aus einem verinnerlichten Verhaltensmuster heraus. Wir haben unserem inneren Kind die Zügel überlassen, statt den Schlitten mithilfe des inneren Erwachsenen selbst zu lenken und dahin zu fahren, wohin wir in Wahrheit wollen. Wir haben erlaubt, dass andere uns sagen, wohin wir zu fahren haben. Und wohin nicht. Wir haben verletzte Schlittenhunde nicht versorgt und ihnen keine Ruhepause gegönnt, sondern haben sie angetrieben und ihre Bedürftigkeit ignoriert. Wir haben die Alarmglocken in unserem Inneren überhört, unsere inneren Kräfte nicht genügend genutzt oder ihnen nicht vertraut.

Heißt das, wir sind selbst schuld an dem, was uns geschehen ist, und daran, wie sich das auf uns ausgewirkt hat? Natürlich nicht! Wir sind verletzt worden. Daran besteht kein Zweifel und dafür können wir nichts. Und auch mit unserer Reaktion haben wir nicht versagt, wir wussten es einfach nicht besser. Hätten wir es besser gekonnt, hätten wir es besser gemacht. Wenn wir auf eine Weise mit uns umgehen, die anderen erlaubt, uns zu verletzen, dann aus dem Bestreben heraus, in Sicherheit zu bleiben.

Und dennoch haben wir durch unser Verhalten selbst zu der verletzenden Situation beigetragen und sind insofern beteiligt am Unrecht, das uns widerfahren ist. Das klingt niederschmetternd? Aber nein, das ist eine hervorragende Nachricht! Denn diese Selbsterkenntnis bietet die Chance, unser Verhalten und damit die Situation selbst zu verändern. Wenn wir uns die eigenen Anteile an alten Verletzungen anschauen, können wir verantwortungsbewusster mit uns selbst umgehen, weil wir dadurch erkennen, auf welche Weise wir uns selbst nicht guttun. Damit wir die Kraft dazu finden, dürfen wir keinesfalls wütend auf uns selbst sein oder uns schuldig fühlen. Wir müssen die Selbstverurteilung hinter uns lassen. Wir müssen uns vergeben und mitfühlend und liebevoll mit uns umgehen.

Die nachfolgende Übung bringt Selbsterkenntnis in Bezug auf alte Wunden. Sie ist aber auch hilfreich, wenn wir gerade mitten in einer verletzenden Situation stecken und Klarheit in diese Angelegenheit bringen wollen. Damit wir nicht neue Wunden schaffen. Ganz wichtig ist: Hier geht es um Verletzungen, die uns als Erwachsene zugefügt worden sind. Es ist keine Übung für unser inneres Kind. Das Kind in uns braucht Rettung, nicht Selbsterkenntnis.

Die Übung liest sich schnell, doch bitte nimm dir Zeit dafür.

ÜBUNG: KLARHEIT DURCH SELBSTERKENNTNIS

- *Nimm dir dein Tagebuch oder ein Blatt Papier und denke einen Moment lang über dich selbst nach. Sei dabei so ehrlich wie möglich und nutze dazu das Bild der Schlittenhunde.*
- *Denke an die verletzende Situation und stell dir die folgenden Fragen:*
  - *Wer zog oder zieht den Lebensschlitten, welcher innere Anteil war oder ist vorn?*
  - *Wodurch hat der- oder diejenige die schwierige Situation mitverursacht oder tut das noch?*
- *Setze den inneren Erwachsenen in Gedanken als Leithund ein und frage dich, wie du jetzt handeln würdest.*
- *Entschuldige dich, wenn nötig, bei dem, mit dem du in der schwierigen Situation aneinandergeraten bist.*
- *Beende dann die Übung und kehre in die Gegenwart zurück.*

Die Erkenntnis, wie wir dazu beitragen, unglücklich zu werden und unglücklich zu bleiben, wird nicht sofort dazu führen, dass wir unser Verhalten auf Knopfdruck ändern können. Aber schon das Wissen darum setzt innere Bewusstseinsprozesse in Gang. Vielleicht gerät unsere innere emotionale Organisation durch die neuen Erkenntnisse erst mal aus dem bisherigen Gleichgewicht und wir fühlen uns unsicher oder sogar schlechter als vorher. Das ist okay. Unser Gehirn sortiert unsere Erfahrungen neu, darauf dürfen wir uns verlassen. Es ist nur ein Übergang. Denn wie wir bereits wissen, ist unser Gehirn bestrebt, ein emotionales Gleichgewicht zu wahren.

Wenn wir uns ehrlich und mutig den Tatsachen stellen, unser eigenes Fehlverhalten uns selbst gegenüber nicht mehr vertuschen und verschleiern, sondern wahrhaftig sind – dann erwachsen daraus Selbstvertrauen und Selbstwertgefühl. Wir können das schaffen, weil wir uns selbst als unseren engsten Vertrauten an unserer Seite wissen. Damit sind wir dauerhaft in Sicherheit.

Unser Bestreben, Sicherheit durch andere zu erfahren, schwindet, wenn wir diese Sicherheit in uns selbst finden.

Damit kein Stachel in der Wunde stecken bleibt, müssen wir im nächsten Schritt auch im realen Leben um Vergebung bitten. Wir werden im Schlusskapitel dieses Buches erleben, dass wir damit nicht so sehr den anderen etwas Gutes tun, sondern uns selbst.

SICH VON ALTEN MUSTERN LÖSEN

Menschen treffen fast nie bewusst falsche Entscheidungen. Und selbst, wenn sie es tun, haben sie einen Grund, der zumindest für den Moment der Entscheidung wichtiger ist, als den stimmigen Weg zu gehen. Was bedeutet das? Alles, was wir bisher getan haben, war richtig. Gleichzeitig gilt es jetzt, die eigenen Entscheidungen zu überprüfen und anzuerkennen, dass wir in einigen Lebensbereichen neue Wege gehen sollten, wenn wir ein glücklicheres Leben führen wollen.

Dazu gehören kleine und große Entscheidungen, scheinbar unwichtige und scheinbar wichtige. Welche Bluse wir heute anziehen, hat vielleicht keinen großen Einfluss auf unser Leben. Glauben wir. Und doch können wir genau bei diesen kleinen, anscheinend unwichtigen Entscheidungen üben, dem eigenen guten Gefühl zu folgen.

> *Was wäre, wenn wir ab heute neue Wege gehen? Anziehen, worauf wir Lust haben? Sagen, was wir wollen? Uns von alten Mustern lösen?*

Wir haben unser Verhalten so sehr daran angepasst, anderen zu gefallen, es ihnen recht zu machen und uns selbst zu verleugnen, oder wir waren so lange im Widerstand, dass wir gar nicht genug innere Reinigungsarbeit erledigen können, um damit aufzuhören.

Wie wir das bewerkstelligen? Indem wir von jetzt an anwenden, was wir gelernt haben: Wir nehmen ganz einfach den bedürftigen Anteil in uns in den Arm und sagen ihm, was er so gern hören will! Wir selbst geben ihm die Liebe, die er braucht und um die er so vergeblich im Außen kämpft. Dazu gehört auch, dass wir uns unsere Muster bewusst machen, die Verteidigungsstrategien, mit denen wir bisher gekämpft haben. Dass wir den eigenen Glaubenssätzen auf die Spur kommen und sie durch neue Glaubenssätze ersetzen, die uns unterstützen und unser Leben leichter machen.

Neue Glaubenssätze für alte Verteidigungsstrategien

1. **Selbst verordnete Hilflosigkeit**
   Signalisiert: Du musst dich um mich kümmern. Ohne dich schaffe ich es nicht.
   Möchte hören: Du schaffst das, ich traue dir das zu! Und wenn du Hilfe brauchst, bin ich da. Du darfst unabhängig sein und dich gleichzeitig zugehörig fühlen.

2. **Ständige Selbstüberforderung**
   Signalisiert: Du musst dich um mich kümmern und mir helfen. Ich sag's aber nicht.
   Möchte hören: Du bist nicht allein. Ich bin für dich da.

3. **Übertriebene Unabhängigkeit**
   Signalisiert: Ich brauche niemanden.
   Möchte hören: Bei mir bist du sicher. Ich halte dich.

4. **Zynismus, Distanziertheit, Unerreichbarkeit**
   Signalisiert: Gefühle sind was für Weicheier.
   Braucht die Versicherung: Deine Gefühle sind richtig. Du darfst dem, was du fühlst, vertrauen.

5. **Schuldgefühle, übertriebenes Verantwortungsbewusstsein**
   Signalisiert: Ich bin schuld. An fast allem. Und kann alles richten. Lass mich nur mal machen!
   Sehnt sich nach dem Satz: Du kannst nichts dafür!

6. **Selbstaufgabe, um anderen alles recht zu machen**
   Signalisiert nach außen: Ich bin, was du brauchst und willst, damit du mich magst.
   Braucht die Botschaft: Ich liebe dich für das, was du bist, nicht für das, was du tust. Sogar dann, wenn es mir nicht gefällt.

7. **Scharfsinn**
   Signalisiert: Ich bin unverwundbar.
   Möchte hören: Du darfst Fehler machen.

Mit der nachfolgenden Übung begeben wir uns erneut in eine schwierige oder verletzende Situation aus der Vergangenheit hinein. Wir schauen uns unsere Strategien und Muster an und ersetzen sie durch hilfreiche Glaubenssätze. Wähle dafür eine Situation aus, in der du üblicherweise mit den oben aufgeführten Verteidigungsstrategien agierst. Vielleicht nutzt du nur eine dieser Strategien, vielleicht aber auch mehrere. Nimm dir Zeit und gehe eine Situation nach der andern durch oder auch einen positiven Glaubenssatz nach dem anderen. Die vorgeschlagenen Sätze kannst du dabei für dich erproben und übernehmen. Du kannst dich aber auch, wie wir das weiter vorn schon gesehen haben, auf die Suche nach dem einen Satz machen, der für dich genau passend ist und dir Kraft verleiht.

Sicherlich gibt es in deinem Leben auch bisher schon jede Menge positive Glaubenssätze, die sich als wirksam und hilfreich erwiesen haben. Erstelle dir eine Liste deiner eigenen Kraftgedanken!

ÜBUNG: DEN INNEREN KAMPF BEENDEN

- *Nimm dir dein Tagebuch oder ein Blatt Papier und schreibe dir eine Situation auf, in der du vergeblich um Respekt, um Erfolg, um Anerkennung, um Gesundheit oder um Liebe gekämpft hast.*
- *Wie alt warst du, als das geschah?*
- *In welchen Bereichen deines Lebens hat diese Erfahrung noch heute Auswirkungen?*
- *Auf welche Weise wiederholst du diese Erfahrung immer wieder? In welchen typischen Situationen passiert das?*
- *Stell dir vor, du bist in so einer typischen Situation. Schau dir die Liste der Strategien an und schreibe auf, wie du dann normalerweise reagierst. Welche Mittel nutzt du?*
- *Formuliere dann den erlösenden Satz, der zu dieser Strategie gehört, als Ich-Botschaft.*
  Zum Beispiel: »Ich darf Fehler machen.«
- *Nutze jetzt die EFT-Übung: Lege zwei Finger der rechten Hand auf dein Herz und sprich den Satz oder die Sätze, die du so gern hören würdest, als Ich-Botschaft laut aus. »Kurbele« sie in dein Herz.*
- *Beende das Kreisen mit dem Satz: »Ich bin in Sicherheit.«*
- *Praktiziere die Übung möglichst mehrmals am Tag. Diese Sätze sind wichtig für dich.*

Selbstvergebung

Im Kapitel Selbsterkenntnis haben wir gesehen, dass letztlich jeder Erwachsene selbst zu den emotionalen Verletzungen beiträgt, die er erleidet. Jeder trägt ein großes Stück Eigenverantwortung für das, was ihm geschieht. Das anzuerkennen ist der erste Schritt, sich selbst zu vergeben. Und dabei auch die Gefühle zu fühlen, die das auslöst: Bedauern, Reue, Scham, Schmerz. Genau diese Gefühle zu verdrängen und unsere eigene Verantwortung zu leugnen mag einfacher sein. So einfach und so toxisch.

> *Es gibt fast nichts, das mehr Energie raubt und das Immunsystem stärker schwächt, als im Groll gegen uns selbst zu verharren.*

Wenn wir ein für alle Mal in der Vergangenheit hängen bleiben wollen, funktioniert folgende innere Haltung hervorragend: »Das werde ich mir nie vergessen oder verzeihen.« Denn uns selbst nicht zu vergeben – wofür auch immer – ist eines der schlimmsten Dinge, die wir uns antun können. Es ist richtig, um die verpasste Gelegenheit zu trauern und dafür Verantwortung zu übernehmen, aber dann müssen wir uns erlauben weiterzugehen! Verantwortung übernehmen bedeutet, vor uns selbst uneingeschränkt zu dem zu stehen, was wir denken, fühlen, wollen und tun. Es verleiht uns ungeahnte Würde, wenn wir diese Verantwortung für uns selbst eigenständig tragen, anstatt sie anderen aufzubürden.

Zum Ändern unserer Muster und zu einem wirksamen Strategiewechsel gehört auch das Anerkennen von (Mit-)Schuld und sicher schmerzliche Reue. Was nicht heißt, dass wir von nun an in Sack und Asche gehen sollten. Natürlich nicht. Der Weg aus der Schuld heraus ist die Bitte um Vergebung. Wir tilgen

Schuld, indem wir um Vergebung bitten. Wir können Dinge in Ordnung bringen, indem wir den anderen fragen, was er zur Wiedergutmachung braucht. Wir können Vorwürfe zurücknehmen, Lügen aus der Welt schaffen und die Folgen unseres Fehlverhaltens, soweit möglich, korrigieren.

Um Vergebung zu bitten bedeutet also: »Ich erkenne meine Fehler an und möchte sie gern wiedergutmachen. Ich sehe deinen Schmerz und es tut mir leid, dafür verantwortlich zu sein, dass du ihn fühlen musst.«

So wie wir im Mitgefühl zugleich Mitfühlender und Leidender sind, sind wir in der Vergebung zugleich Opfer und Täter, Geschädigter und Schädigender. Dem Täter in uns müssen wir genauso vergeben wie den Menschen, die uns verletzt haben. Das scheint sicher ein wenig viel verlangt. Wie sollen wir Mitgefühl mit demjenigen haben, der uns Leid zugefügt hat, selbst wenn wir das selbst sind? Aber dieses Mitgefühl können wir aufbringen, wenn wir uns vor Augen führen, dass niemand gern wissentlich andere schädigt. Und schon gar nicht sich selbst.

Von Natur aus sind wir soziale Wesen und deshalb auf Friedfertigkeit, Zusammenhalt und konstruktive, gemeinsame Lösungen bedacht, auch wenn das nicht immer so aussieht. Wenn wir andere oder uns selbst schädigen, dann stehen wir bereits unter Druck. Wenn wir zum Täter werden, brauchen wir in Wahrheit selbst Hilfe.

FRIEDEN MIT UNS SELBST

Die emotionale Meisterleistung, Frieden mit denjenigen zu schließen, die uns verletzt haben, können wir nur vollbringen, wenn wir uns zunächst selbst vergeben. Um Mitgefühl mit einem Täter haben zu können, der uns verletzt hat, müssen wir uns dieses Mitgefühl zuallererst selbst schenken.

Als wir jene ungünstigen Entscheidungen trafen, die wir uns

heute noch vorwerfen, waren wir bereits in emotionaler Not. Wir wussten es nicht besser. Das gibt uns eine einmalige und wundervolle Möglichkeit, uns selbst aus der Situation zu retten, in der wir uns schädigten! Und das ist das Besondere: Wir retten jenen Teil von uns, der damals in Not war und deshalb eine Entscheidung traf, die uns nicht gutgetan hat.

ÜBUNG: DEN TÄTER IN UNS RETTEN
* *Setze oder lege dich entspannt hin und gehe in Gedanken in eine Situation, in der du dich selbst geschädigt hast.*
* *Fühle, was du damals gefühlt hast, als du die für dich selbst schädliche Entscheidung trafst.*
* *Stell dir jetzt vor, dass du als die Person, die du heute bist, in diese Situation hineingehst. Du bist jetzt zweimal da: als das jüngere Ich, das sich unvernünftig verhält und/oder in Not ist, und als innerer Retter.*
* *Nimm dich selbst in den Arm: Du hältst dein damaliges Ich, das im Begriff ist, einen Fehler zu machen. Sage ihm: »Ich sehe dich. Ich bin für dich da. Ich sehe auch deine Not.«*
* *Beobachte, wie es deinem damaligen Ich damit geht.*
* *Stell dir dann vor, dass du die Situation anders handhabst, dass du nicht mehr aus dem verletzten und damit auch verletzenden damaligen Ich heraus entscheidest, sondern als die gereifte, ältere und mitfühlende Version von dir.*
* *Beobachte, was sich ändert.*
* *Wenn du dich friedlicher fühlst, lass die inneren Bilder wieder los und beende die Übung.*

Nachdem du die Situation in Gedanken bereinigt hast, frage dich, was du heute tun kannst: Gibt es eine Situation, in der du böse auf dich bist und in der du dir selbst vergeben solltest? Hast du vielleicht gerade jetzt eine Entscheidung getroffen, die auf deinen Verteidigungsstrategien basiert statt auf deinen wahren Wünschen? Dann tröste dich, nimm dich selbst in den Arm, formuliere deinen Glaubenssatz neu und ändere, was du ändern kannst. Triff die Entscheidung, die Dinge auch im Hier und Jetzt in Ordnung zu bringen, selbst wenn du noch nicht weißt, wie du das in die Tat umsetzen sollst. Beginne damit, deine Korrekturen und Wiedergutmachungen in Gedanken zu erproben.

Wie wir bereits wissen, hat in Gedanken Erlebtes eine ähnliche Trainingswirkung, als würden wir eine Erfahrung körperlich durchleben. Und eine gedachte Situation kann uns viel mehr Angst machen als das, was wir dann wirklich erleben. So ist es auch im Positiven: Eine Situation, in der wir uns selbst in Sicherheit bringen und eine alte Entscheidung korrigieren, löscht nach und nach alle Auswirkungen auf unser emotionales Erleben, das zu der falschen Entscheidung geführt hat.

Yannik, den wir weiter vorn im Kapitel zu den »Offenen Rechnungen« (auf Seite 41) kennengelernt haben, hat diese Übung durchgeführt und seine Erfahrungen geschildert:

YANNIK ÜBER SEINE ERFAHRUNGEN MIT DIESER ÜBUNG

»Schon als ich die Übung durchlas, wusste ich, dass sie mich mitten in meine Gefühle hineinkatapultieren würde. Ich habe mir für die Durchführung viel Zeit genommen. Mir war klar, dass ich diese Zeit brauche, um mich selbst fühlen zu können, ohne diese oft traurigen Gefühle zu bewerten oder gar zu verurteilen. Ich habe nie gelernt, dass diese Gefühle in Ordnung sind, bei uns wurde immer alles unter den Teppich gekehrt.

Jetzt muss ich mich selbst manchmal dahin bringen, mir zu sagen: ›Nimm dir mal Zeit, du darfst traurig sein.‹ Wenn ich mir das zugestehe, meine schlechten, schmerzlichen Gefühle zu fühlen, auch wenn ich das nicht will, bin ich überrascht, wie schnell sie auch wieder vorbei sind. Dafür bin ich sehr dankbar. Ich sage mir dann: ›Schau, jetzt haben wir die Trauer und die

Einsamkeit gespürt und nichts ist passiert.‹ Diese Gefühle gehören zu mir und ich kann sie einfach fühlen, ohne etwas damit zu machen. Dann entsteht etwas Neues und etwas sehr Friedliches in mir.«

UM FRIEDEN SCHLIESSEN ZU KÖNNEN, MÜSSEN WIR:

- Bereit sein, es gut sein zu lassen.
- Bereit sein, das Vergangene hinter uns zu lassen und den damit verbundenen Groll loszulassen.
- Bereit sein, uns von alten Mustern zu lösen und neue Glaubenssätze zu verinnerlichen.
- Bereit sein, uns neu auszurichten und das Leben nicht mehr aufgrund der alten Verletzungen zu gestalten.
- Bereit sein, uns dem Leben wieder neu zu öffnen.

Den verzweifelten Kampf um Liebe beenden

Inzwischen haben wir geübt, uns selbst zu vergeben und unser jüngeres Ich in den Arm zu nehmen. Wie aber können wir jemandem vergeben, der uns nicht in den Arm nimmt, der uns niemals gibt, was wir uns so verzweifelt erhoffen: Genugtuung und eine Entschuldigung? Wenn die Verursacher gar nicht erkennen, was wir durchlitten haben, und uns das zuteilwerden lassen, was wir im Moment der Verletzung vermisst haben: eine Bitte um Vergebung, Trost und Zuwendung? Müssten wir nicht erst einmal darauf bestehen und darum kämpfen?

Wenn wir nur lange genug darum gekämpft haben, verwechseln wir den Kampf um die Liebe mit der Liebe selbst. Liebe und Anerkennung aber bekommen wir geschenkt. Einfach so. Ohne Gegenleistung. Einfach, weil wir sind, wie wir sind.

Nein, müssen wir nicht! Denn darauf zu hoffen und darum zu kämpfen erschafft nur immer wieder neuen Schmerz und neue Enttäuschungen. Reue kann man nicht einfordern. Um etwas zu bereuen, muss man den Weg der Selbsterkenntnis gehen – sofern einem nicht sofort klar ist, dass man falsch gehandelt hat. Dieser Kampf lässt sich nicht gewinnen. Würden diejenigen, die uns Unrecht zugefügt haben, bereuen, was sie getan haben, hätten sie uns schon längst um Vergebung gebeten. Denen, die uns verletzt haben, ist ihr Fehlverhalten offensichtlich nicht klar. Würden sie bereuen, würden sie sich ja entschuldigen. Dann wäre gar keine alte Wunde entstanden. Für die Verursacher hieße das aber auch, sie wären bereit, die Scham auszuhalten, die mit der Erkenntnis einhergeht, falsch gehandelt zu haben oder zumindest unachtsam gewesen zu sein. Einen solchen Prozess kann man nur alleine mit sich abmachen – und muss ihn auch fühlen.

Es ist pure Zeit- und Energieverschwendung, anderen etwas abzuverlangen, das sie uns nicht freiwillig geben. Vielleicht ist uns das in einem Winkel unseres Bewusstseins sogar klar. Warum kämpfen wir diesen verzweifelten Kampf trotzdem und so hartnäckig? Weil es ein Kampf um Liebe ist! Weil wir immer noch hoffen, beim nächsten Mal eine andere Erfahrung zu machen, und nicht einsehen wollen oder können, dass das nicht geschehen wird. Dabei ist die Tatsache, dass der andere nicht bereut, was er getan hat, oder es uns gegenüber zumindest nicht zugibt, keineswegs ein Beweis dafür, dass er uns nie liebte! Doch weil wir so verletzt sind, können wir die Liebe, die trotzdem vorhanden war, nicht erkennen. Vielleicht wäre uns das möglich, wenn wir aufhören würden, um das, was uns der andere schuldig geblieben ist, zu kämpfen. Und wir wären in der Lage, diese Liebe anzunehmen.

Doch stattdessen verhalten wir uns wie ein trotziges Kind und nicht wie ein Erwachsener, der alle Seiten einer Angelegenheit berücksichtigen kann. Und da es uns immer wieder nicht gelingt, den Verursachern der alten Wunden eine für uns selbst fühlbare Liebe abzutrotzen, suchen wir uns unbewusst eine ähnliche Situation im Außen. Wir setzen alles daran, in dieser Stellvertretersituation den ursprünglichen Kampf zu gewinnen. Das führt dazu, dass wir es dem Chef recht machen, weil er eine ähnliche Stimme hat wie der ständig grollende Vater. Dass wir uns immer wieder Partner suchen, die uns mit der gleichen emotionalen Situation konfrontieren, unter der wir immer noch leiden. Dass wir uns verhalten wie ein unsicheres Kind statt wie selbstbestimmte, innerlich freie Erwachsene. Die in der Lage sind, auch mal Unstimmigkeiten auszuhalten, und nicht immer nur Harmonie stiften wollen. Die Nähe zulassen können, ohne gleich in Sorge zu geraten, etwas erfüllen zu müssen, das sie womöglich nicht erfüllen können. Oder wollen. Dass wir uns verhalten wie ein Mensch, der einfach sagen kann, was er braucht, ohne Angst zu bekommen.

Warum ziehen wir diesen zermürbenden Kampf vor, statt anzuerkennen, dass wir ihn nicht gewinnen können? Weil Aufgeben so ungeheuer schmerzhaft erscheint. So sinnlos. Und weil Loslassen Angst macht. Menschen sind soziale Wesen und versuchen immer, Bindungen herzustellen. Einzusehen, dass wir wirklich keine Chance hatten, den anderen dazu zu bringen, wertschätzend und achtsam mit uns umzugehen, ist kaum auszuhalten. Dass ein Mensch, der uns wichtig ist, Nein zu uns sagt, erschüttert tatsächlich das gesamte Weltbild. Wenn es sich noch dazu um die eigenen Eltern handelt, verlieren wir den Boden unter den Füßen. In diesem Punkt die eigene Ohnmacht anzuerkennen verursacht echte Existenzangst.

Die meisten Menschen wollen nur ungern wahrhaben, dass sie um Liebe kämpfen. Es ist schließlich beschämend und peinlich, jemandem nachzulaufen.

DEN KAMPF AUFGEBEN

Das Verhaltensmuster »um Liebe kämpfen« sitzt tief. Solange wir Kind waren, sicherte dieser Kampf um Liebe unser Überleben. Denn für ein Kind hängt das Überleben davon ab, wahrgenommen zu werden. Das weiß unser Stammhirn und tut deshalb alles, um auf uns aufmerksam zu machen. Wir geben nicht auf, bis wir bemerkt werden. Egal, ob positiv oder negativ. Denn selbst negative Aufmerksamkeit erhöht die Wahrscheinlichkeit, doch einen Happen zu essen oder einen anderen dringlichen Wunsch erfüllt zu bekommen. Das dürfen wir im Gedächtnis behalten, wenn wir uns unserem Kampf um Liebe zuwenden. Er ist das

Ergebnis all der alten Wunden. Und leider unterdessen die Ursache für neue.

Aber wir haben nicht versagt, wenn wir nicht geliebt wurden! Wir hatten einfach keine Chance, diese Liebe zu erlangen. Warum das so ist, kann viele Ursachen haben. Der andere war überfordert, litt selbst an einer alten Wunde und konnte deshalb nicht anders handeln, als er es tat. Doch diese Gründe sind letztlich alle unwichtig.

Wir müssen die Situation hinter uns lassen, denn nur dann können wir frei werden. Wir müssen aufgeben. Wir dürfen aufgeben. Wir können einfach loslassen. Sogar wenn es um den eigenen Vater, die eigene Mutter geht. Kapitulieren. Nicht mehr kämpfen. Sosehr wir auch gewinnen wollen. Sosehr wir uns vor der Leere fürchten, die wir spüren könnten. So wenig wir auch darauf bauen, dass es andere Menschen gibt, die uns geben, was wir brauchen. Dabei heißt Aufgeben nicht, dass wir die Handlungen des Gegenübers oder auch die eigenen Entscheidungen gutheißen sollen. Es bedeutet, dass wir uns nicht länger emotional davon bestimmen lassen wollen und werden. Dass wir uns nicht länger innerlich verbiegen, um bei anderen Menschen bestimmte Reaktionen zu vermeiden oder zu erhalten.

Geliebt zu werden für das, was man ist, nicht für das, was man tut, ist eine der tiefsten menschlichen Sehnsüchte. Als Kind von den Eltern, später von den Freunden, dem Partner, den eigenen Kindern. Deshalb kämpfen wir auch nachträglich noch so hartnäckig darum.

Wir müssen Frieden schließen mit dem, was war.

RAUS AUS DER WARTESCHLEIFE

Ohne Frieden zu schließen, bleiben wir in einer Art Warteschleife hängen, die auf Rache oder Rechtfertigung ausgerichtet ist. Und haben nur die Personen im Blick, die uns unserer eigenen Meinung nach Unrecht zugefügt haben. Wir denken immer wieder über das Geschehene nach, verlieren uns in negativen Tagträumen und verpassen, was uns das Leben heute schenken will. Weil wir noch immer auf die Wiedergutmachung von damals warten. Und all das kostet uns so unendlich viel Kraft. Denn alles, was uns widerfährt, sehen wir durch die Brille der alten Verletzung und vermuten zum Beispiel Angriffe, wo überhaupt keine stattfinden. Aus diesem Blickwinkel heraus können wir gar nicht glücklich werden, weil das ja bedeuten könnte, dass die erlittene Verletzung gar nicht so schlimm war. Was nicht stimmt, denn sie war schlimm. Aber inzwischen sind wir herangereift, wir sind die große Matroschkapuppe geworden, schützen unsere kleinen Puppen und können dadurch mit unseren alten Wunden auch anders umgehen. Deshalb, und nur deshalb, sind wir bereit, Frieden zu finden. Stell dir vor, wie viel mehr Lebensenergie wir hätten, wenn wir diesen kräftezehrenden Kampf um Liebe und Anerkennung aufgeben und aufhören würden, uns in Beziehungen oder im Beruf immer nur anzustrengen und uns um Anerkennung zu bemühen. Wenn wir uns selbst geben, was wir brauchen. Das wird fantastisch!

Zu den wichtigsten Schritten, die man gehen kann, um die eigene Kraft zu sich zurückzuholen, gehört das In-Frieden-Kommen.

Natürlich ist es nicht leicht, sich mit den Personen auseinanderzusetzen, die uns so sehr verletzt haben. Und anders zu handeln, als wir es für lange Zeit getan haben. Die folgende Übung ist eine gute Vorbereitung oder ein Ersatz für eine solche Begegnung. Sie hilft dir, dich mit den Ereignissen auseinanderzusetzen, die du innerlich immer wieder durchkaust, und denen zu begegnen, auf die du wütend bist oder vor denen du vielleicht sogar Angst hast. Sie bietet eine Alternative dazu, anderen oder dir selbst in Gedanken oder verbal immer wieder die gleichen Vorwürfe zu machen. Auch bereits verstorbene Personen können dir in dieser Übung gegenübersitzen. Gefühlte Schuld verjährt nicht. Sie endet auch nicht mit dem Tod. Sei mutig. Setze dich nach und nach all denjenigen gegenüber, mit denen du noch eine Rechnung offen hast.

ÜBUNG MIT DER HEILENDEN ACHT: FRIEDEN FINDEN

- *Lege eine heilende Acht um dich. Setze dich in eine der Schlingen.*
- *Stell dir vor, die Person, mit der du in Frieden kommen möchtest, sitzt dir gegenüber. Du kannst auch einen Zettel mit dem entsprechenden Namen darauf in die gegenüberliegende Achterschlinge legen. Das kannst durchaus auch du selbst sein. Das Kreuz der Acht ist zwischen euch.*
- *Stell dir vor, dass die heilende Acht gleichmäßig und beständig um euch herumkreist.*
- *Sende nun aus deinem Herzen Frieden zu deinem Gegenüber hin. Stell dir diesen Frieden wie ein farbiges Licht vor, das aus dir herausfließt. Das Licht fließt zu ihm oder ihr, während die heilende Acht um euch herumkreist. Ob dein Friedensangebot angenommen wird oder nicht, darauf hast du keinen Einfluss. Das Wichtige ist, dass du es sendest.*
- *Lass das Licht so lange fließen, bis du spürst, dass es nachlässt. Erzwinge nichts.*
- *Willst du dich bei deinem Gegenüber entschuldigen, dann sage laut: »Ich bitte dich um Vergebung. Ich sehe deinen Schmerz. Du hast mein volles Mitgefühl.«*
- *Wenn du für heute alles gesagt hast, was du sagen wolltest, stehe auf und lege die Acht wieder zusammen.*
- *Verbrenne, wenn du die befreiende Wirkung intensivieren willst, achtsam den Zettel mit dem Namen deines Gegenübers, falls du einen Zettel genutzt hast. Du verbrennst damit natürlich nicht die Person, sondern die alte Geschichte. Du übergibst sie symbolisch dem reinigenden Feuer.*

Diese Übung kannst du auch immer dann machen, wenn du das Gefühl hast, im Unfrieden mit einem Menschen zu sein. Die Ursache spielt dabei keine Rolle. Die Bereitschaft, Frieden zu senden, wirkt Wunder. Es ist gerade so, als schickten wir einen heilenden Zauber zum anderen hin. Wirklich! Die Acht ist dabei sehr wichtig, denn sie hält die Emotionen der Person uns gegenüber fein säuberlich von unserer eigenen Energie getrennt. Warum ist das wichtig? Wir haben es schon viel weiter vorne im Buch gelesen: Weil die Amygdala sich die Gefühle anderer abschaut. Damit wir also fühlen können, was wir selbst fühlen, brauchen wir das Symbol der Acht. Das nachfolgende Fallbeispiel illustriert die Erfahrungen, die mit dieser Übung möglich sind.

LINDAS VATER

Für Linda ist es kein Problem, diese Übung durchzuführen, das Licht des Friedens strömt nur so aus ihr heraus. Ihr gedachtes Gegenüber, ihr Vater, ist ein harter, unnachgiebiger Mann. Niemals würde er zugeben, dass er Linda verletzt hat, als sie ein Kind war. Und dass er auch heute noch an ihr herumkritisiert. Nichts ist ihm gut genug und Linda leidet sehr darunter. In der heilenden Acht fühlt sie sich sicher vor ihrem Vater. Der Schnittpunkt der Acht hält ihn auf seinem Platz.
Sie lässt Licht aus ihrem Herzen zu ihm hinströmen. Sie nimmt wahr, dass es um ihn herumwabert. Doch er nimmt es nicht an. Linda weiß, dass sie darauf keinen Einfluss hat. Sie kann ihren Vater ja nicht zum Frieden zwingen. Doch irgendwie fühlt es sich nicht rund an, wenn er diese Bereitschaft zum Frieden nicht annimmt. Während der Übung verstärkt sie das Licht aus ihrem Herzen sogar noch, indem sie sich vorstellt, dass sie es durch einen gedachten Regler verändern kann. Doch auch das stärkste Licht, das sie ihrem Vater schickt, bringt ihn nicht dazu, es anzunehmen. Er bleibt hart und abweisend.
Linda beendet die Übung und ist nicht friedlich, sondern traurig.

In dem nachfolgenden Coaching stelle ich Linda die folgenden Fragen:
- Wer in dir saß denn in deinem Kreis der Acht, die Kleine oder die Große?
- Wolltest du deinem Vater wirklich nur das Licht des Friedens schicken oder insgeheim dadurch doch noch seine Liebe erringen?
- Kannst du anerkennen, dass auch er durch alte Wunden geschädigt ist und deshalb nicht anders handeln konnte, als er es getan hat?
- Bist du bereit, seine Haltung anzuerkennen, ihn genau so zu lassen, wie er ist – selbst wenn du es gern anders hättest –, und damit in Frieden zu kommen?
- Und bist du bereit, dich selbst liebend in den Arm zu nehmen und dir selbst das Mitgefühl zu schenken, das du so dringend brauchst?

Linda erkannte durch diese Fragestellungen, dass es ihr inneres Kind war, die kleine Linda, die versucht hat, ihrem Vater Frieden zu schicken, ihm sogar zu vergeben. Aber das kann die Kleine nicht. Und das muss sie auch nicht. Selbst wenn sie es tut, sie hat nicht die innere Freiheit, einen Elternteil loszulassen. Sie ist ja die Kleine, die ihren Vater braucht. Linda versteht, dass die Kleine in ihr wirklich ein Kind ist und sich auch so fühlt. Und dass sie die bedürftige Klein-Linda deshalb auch genauso behandeln muss. Dass sie Schutz, Liebe und Geborgenheit braucht. Von ihr kann sie nicht verlangen, die Beweggründe ihres Vaters zu verstehen. Denn dann würden ihre eigenen Gefühle wieder nicht gesehen werden, das innere Kind würde »Verständnis« als Pflaster nutzen. Das hilft nicht. Dadurch können die alten Wunden nicht heilen.

Die Kleine in Linda ist bedürftig, die erwachsene Linda aber nicht. Sie wünscht sich die Liebe ihres Vaters, doch sie kommt auch gut alleine klar. Ihr darf man zutrauen, sich selbst zu halten, das innere Kind zu beschützen und dem Vater aus Mitgefühl Absolution zu erteilen. Warum? Weil sie es kann. Deshalb muss in dem Kreis der heilenden Acht auf ihrer Seite die erwachsene Linda sitzen.

Linda macht die Übung noch einmal: Sie nimmt die Kleine in den Arm, sagt ihr, dass sie hier nicht gemeint ist, und bringt sie, bildlich gesprochen, in den Paradiesgarten für das innere Kind, den wir schon kennengelernt und erkundet haben. Und auf einmal fühlt sich für Linda die Übung ganz anders an. Sie kann Frieden aus ihrem Herzen zu ihrem Vater hinströmen lassen, weil sie weiß, dass ihr inneres Kind bei ihr in Sicherheit ist.

Willst du dich noch stärker von deinem Gegenüber abgrenzen, dann stell dir vor, dass sich die heilende Acht auflöst und sich zwei separate Kreise bilden. Du kannst auch ganz praktisch den Kreuzungspunkt durchschneiden und zwei separate Kreise knoten (lege dir dafür eine Schere bereit). Nutze diese Techniken. Nutze die heilende Acht in deinen Beziehungen ebenso wie die Übungen mit dem leeren Stuhl. Es sind Übungen, die dein ganzes Leben begleiten und verändern können, nicht nur während der Zeit, in der du dich mit diesem Thema beschäftigst.

Den inneren Krieger erlösen

Egal, wie friedfertig wir auch zu sein glauben, wir müssen anerkennen, dass es in uns einen inneren Krieger gibt. Wenn wir ihn ignorieren, wirkt er im Verborgenen und richtet unbemerkt mehr Schaden an, als wir uns vorstellen können. Erinnern wir uns an das Bild der Schlittenhunde: Der Krieger in uns ist gefragt, wenn der Schlitten einmal feststeckt. Er wird so lange ziehen und sich bemühen, bis wir wieder frei sind und weiterfahren können. Er gibt uns die Kraft, auch unter widrigen Umständen durchzuhalten. Der innere Krieger ist also sehr wichtig. Und gerade, weil das so ist, dürfen wir ihn nicht in sinnlosen Kämpfen verschleißen.

Diese Kämpfe kosten uns so viel Kraft, dass wir ständig erschöpft sind. Wir müssen uns dauernd ablenken und stehen

In den meisten Menschen gibt es viele kämpfende Anteile. Unser innerer Krieger ist ein sehr alter innerer Anteil, der im Stammhirn angesiedelt ist.

immer irgendwie unter Strom. Und dieser Kampf macht uns erpressbar. Denn jede Situation, die uns das Gefühl vermittelt, den Kampf doch noch gewinnen zu können, bringt unseren inneren Krieger dazu, in Aktion zu treten. Dann funktionieren wir und überfordern uns wider besseres Wissen. Das fällt uns gar nicht mehr auf, wir kennen es nicht anders. »Doch, doch, das schaffen Sie schon«, sagt der Chef, und weil wir gefallen wollen, strengen wir uns noch ein wenig mehr an. Statt zu sagen: »Ja, könnte sein, dass ich das schaffe, aber damit lade ich mir zu viel auf.« Solange wir im Kampf um Aufmerksamkeit und Liebe gefangen sind, ist es undenkbar, so zu reagieren. Dabei wäre so viel mehr Leichtigkeit, Frieden und Entspannung möglich, wenn wir endlich aufhören zu kämpfen. Mal ehrlich, langweilt es uns nicht längst? Trotzdem kann und darf unser innerer Krieger nicht von sich aus aufgeben. Denn er kämpft für uns um das, was wir zum Überleben brauchen – was an sich sehr gesund ist. Wir haben also keinen Grund, ihn zu verurteilen, sondern Grund, ihm sehr dankbar zu sein. Er tritt schon so lange für uns ein. Jetzt darf er erfahren, dass es neue Möglichkeiten gibt, für uns zu sorgen. Dass er aufhören kann, für uns zu kämpfen.

Wenn wir unseren inneren Krieger aus dem sinnlosen Kampf um Anerkennung und um Gerechtigkeit erlösen wollen, hilft es auch diesmal, ihn sich wie eine innere Person vorzustellen. Mit der nächsten Übung befreien wir ihn von der Pflicht des Kampfes.

ÜBUNG: DEN INNEREN KRIEGER BEFREIEN

- *Setze oder lege dich bequem hin, schließe die Augen und gehe auf Gedankenreise. Stell dir den inneren Krieger wie eine Person vor. Nimm dabei das Bild, das wie von selbst erscheint.*
- *Nimm wahr, gegen wen der Kämpfende in dir angetreten ist. Und worum er kämpft.*
- *Verneige dich in Gedanken vor ihm, vor demjenigen, mit dem du so lange so hart gekämpft hast.*
- *Erkenne an, dass du diesen Kampf nicht gewinnen wirst. Sage deinem Gegner in Gedanken: »Du hast gewonnen. Ich kapituliere.« Das kann schwierig sein. Versuche es dennoch. Es ist wichtig. Je schwerer dir das fällt, umso wichtiger.*
- *Nimm deinen inneren Krieger in Gedanken an die Hand oder bitte ihn, dir zu folgen. Gemeinsam geht ihr durch ein goldenes Tor. Bleibt unter diesem Tor stehen.*
- *Alles, was der Krieger noch trägt, alles, was nicht zu ihm gehört, fällt unter dem Tor von ihm ab. Waffen, Rüstungen ...*

Du musst nicht wissen, was genau das ist, es fällt einfach so von ihm ab.

- *Unter dem Tor verschwindet auch das, was du selbst trägst, was in dir schwer ist. Es steigt wie Rauch auf, fällt wie Ballast ab, fließt aus dir heraus in die Erde. Du wirst immer leichter und damit auch der Anteil, der so hart gekämpft hat.*
- *Durchquere gemeinsam mit dem Krieger das Tor. Dahinter erwartet euch eine wunderschöne Landschaft, in der ihr euch erholen könnt.*
- *Lass den Krieger in dieser Landschaft zurück, damit er sich ausruhen kann.*
- *Öffne die Augen und schreibe dir auf, was du erlebt hast.*

Natürlich können wir unseren inneren Krieger nicht erlösen, indem wir einmal diese Übung durchführen. Denn der Kampf um Liebe wirkt auf unser Nervensystem, als würden wir unseren Durst mit Salzwasser stillen. Weil wir nie bekommen haben, was wir uns so ersehnten, sind wir süchtig nach der Hoffnung geworden, irgendwann doch noch zu gewinnen. Im ewigen Kampf um Liebe und Anerkennung fühlt sich Stress lebendiger an als Ruhe und innerer Frieden. Warum? Weil wir es nicht anders kennen. Wir verwechseln den Adrenalinausstoß, den uns dieser Kampf beschert, mit dem glücklich machenden Serotonin, das echte Liebe und auch echte innere Freiheit begleitet.

Der Kampf um Liebe ist uns in Fleisch und Blut übergegangen, wir sind geradezu süchtig danach. Wir werden ihn gewohnheitsmäßig immer wieder anzetteln oder auf ihn einsteigen, wenn wir unseren inneren Krieger nicht von der Bürde seines Amtes befreien.

Also müssen wir unseren inneren Krieger immer wieder an die Hand nehmen, mit ihm durch das goldene Tor gehen und ihm Ruhe gönnen. Immer dann, wenn wir merken, dass wir uns in etwas verbeißen und uns anspannen. Dass wir uns innerlich verbiegen und uns ausnutzen lassen, um bei anderen eine bestimmte Reaktion hervorzulocken. Wir können damit jene alten Kämpfe beenden, die unsere ungeheilten Wunden immer wieder aufreißen. Und wir können neue Situationen sofort entschärfen, damit keine weiteren Verletzungen entstehen. Ab sofort ist uns innere Ruhe, unser innerer Frieden wichtiger als der Adrenalinausstoß des Kampfes.

LOSLASSEN UND FRIEDEN FINDEN

Im Kapitel über die inneren Kräfte haben wir erfahren, wie wichtig Beharrlichkeit für unser Fortkommen im Leben ist. Aber diese wichtige Kraft braucht ein starkes Gegengewicht: die Fähigkeit anzuerkennen, wann man loslassen sollte. Es gut sein zu lassen. Nicht mehr zu kämpfen, nicht mehr verstehen zu wollen, nicht mehr zu hinterfragen. Keine Energie mehr hineinzugeben, sondern die Angelegenheit ruhen zu lassen, ohne sie zu verdrängen.

Wir wissen um die Dinge. Wir fühlen, was wir fühlen. Und wir erkennen, ob wir handeln sollten oder ob wir dem Geschehen seinen Lauf lassen. Es ist eine hohe Kunst zu unterscheiden, wann die eigene Tatkraft gebraucht wird und wann wir loslassen müssen, damit die Würfel fallen können, wie sie wollen. Selten lassen wir freiwillig los. Meistens zwingt uns das Leben dazu. Besonders wenn wir etwas sehr wollen.

Wie erkennen wir, dass Loslassen ansteht?

- Wir werden müde, wenn wir daran denken, noch etwas zu einer bestimmten Angelegenheit beizutragen.
- Wir erkennen, dass wir uns wiederholen, immer wieder das Gleiche sagen oder tun und kein oder immer das gleiche unbefriedigende Ergebnis erzielen.

- Wir wissen: Der Lauf eines Geschehens hängt jetzt von anderen Menschen oder von den Umständen ab, nicht mehr von uns selbst.
- Wir fühlen uns ohnmächtig, wenn wir noch weiter versuchen, etwas zu verhindern oder zu beschleunigen.
- Wir verspüren auch bei sorgfältiger Überprüfung durch den inneren Erwachsenen Spannung oder haben ein ungutes Gefühl, wenn wir daran denken, in eine Angelegenheit noch mehr Energie, sei es Aufmerksamkeit, Geld, Zeit oder andere Ressourcen, hineinzugeben.

Vertrauen ins Leben zu haben klingt esoterisch. Doch das ist es nicht. Jeder Bauer hat Vertrauen, dass sein Korn wächst, wenn er die Voraussetzungen dafür schafft. Es ist eine grundlegende Erfahrung, dass sich das Leben aus sich selbst heraus entfaltet. Leben ist Wachstum, darauf können wir uns verlassen. Loszulassen heißt, eine Angelegenheit dem ganz natürlichen Wachstumsprozess zu überlassen. Wie das Kind im Bauch der Mutter heranreift, so erlauben wir den Dingen, zu dem zu werden, was sie sein wollen. Dann sind sie auch stabil und tragen sich selbst. Dazu gehört, dass sie vergehen könnten, wenn wir sie nicht weiter mit Kraft und Aufmerksamkeit versorgen, wenn ihre Aufrechterhaltung zu viel Energie kosten würde. Dann wird es sich befreiend anfühlen, die Kontrolle abzugeben und den Dingen ihren Lauf zu lassen. Selbst wenn es uns ein wenig Angst macht. Es fühlt sich vielleicht sogar freudig an, nichts mehr zu tun, sondern dem Leben dabei zuzuschauen, wie es die Dinge regelt.

Loslassen bedeutet, dass wir uns selbst vom Ergebnis emotional unabhängig machen, selbst wenn es uns sehr wichtig ist.

Damit wir in Frieden und entspannt loslassen können, müssen wir vorher alles, was in unserer eigenen Macht steht, getan haben: für das Gelingen einer Unternehmung, einer Beziehung, eines Geschäftsmodells oder was auch immer wir für ein Ziel hatten. Sonst bleibt ein nagendes inneres Wissen, dass wir eben nicht alles beigetragen haben. Dass wir der Unternehmung noch etwas schuldig geblieben sind. Was ja auch stimmt. Wir müssen alles, was wir in Bezug auf eine Sache wollen und fühlen, gesagt haben. Und wir müssen gehört worden sein. Damit wir wissen, wir haben wirklich alles hineingegeben. So ähnlich wie beim Kuchenbacken. Wir können diesen Kuchen auch erst dann mit einem guten Gefühl der Hitze des Ofens überlassen, ihn also loslassen, wenn wir alles, was im Rezept steht, in den Teig gegeben haben. Solange, bildlich gesprochen, noch das Backpulver oder ein Ei herumliegen, wissen wir, wir sind noch nicht fertig.

Aber für die alten Wunden und den Kampf um Liebe gibt es nichts mehr zu tun als das, was wir auf unserer Reise über die sieben Stationen getan haben. Der »Teig« ist fertig. Wir haben uns alles angeschaut, was nötig ist, um unsere Wunden in Heilung zu bringen. Wir haben erkannt, was wir selbst zu diesen Verletzungen beigetragen haben und wie wir das verändern können. Wie wir die Verantwortung für unser Wohlbefinden in unsere eigenen Hände nehmen können. Wir haben gelernt, uns selbst zu retten und uns und anderen zu vergeben. Vor allem haben wir geübt, mit uns selbst auch dann in Kontakt zu bleiben, wenn wir emotional am liebsten flüchten würden. Wir haben unser verletzliches inneres Kind kennengelernt und die Fürsorge für es übernommen, ihm einen sicheren Hafen in uns geschaffen. Weil es jetzt in uns sicher ist, wird es nicht mehr verletzt werden. Mehr können und mehr müssen wir nicht tun.

Wir dürfen loslassen und Heilung geschehen lassen.

KRAFTGEDANKE

Mühelos lasse ich gehen, was nicht mehr zu mir gehört, und bin dabei in Sicherheit.

Die Zauberkraft des inneren Friedens

Was fehlt noch zum Abschluss dieser Reise? Das Ankommen in Gestalt eines verbindlichen Friedensvertrags. Aber was heißt »Frieden schließen« eigentlich? Frieden wird definiert als ein heilsamer Zustand von Ruhe und Stille. Diese Ruhe und Stille wollen wir, indem wir Frieden schließen, in unser Gefühlsleben bringen.

Bevor wir es besser wussten, haben wir versucht, Ruhe in uns zu erzeugen, indem wir die alten Wunden verdrängt haben. Indem wir nicht getan haben, was wir wirklich wollten, uns Ersatzbefriedigungen gesucht haben, uns falschen Glaubenssätzen unterworfen haben und im Grunde erstarrt waren. Wir haben die Stille der erfrorenen Seen in unserem Inneren aufrechterhalten. Eine trügerische Stille. Weil sie unlebendig war. Es war eben keine Stille, sondern Starre. Denn sich bewusst zu machen, wie sehr wir in der Vergangenheit verletzt wurden, macht einen alles andere als innerlich ruhig und still. Es weckt Gefühle der Wut und bringt Momente der Hoffnungslosigkeit, in denen es scheint, als könnten wir diese Kränkungen und Verluste nie wieder loswerden.

Wir haben auf unserer Reise durch die sieben Stationen den eigenen Schmerz gesehen und gefühlt. Aber wir haben auch erkannt, wie stark unsere inneren Kräfte sind. Wir haben un-

> *Aus den eigenen Fehlern zu lernen ist schon schwer genug. Erkenntnisse aus den Verletzungen zu ziehen, die wir erlitten haben, den Ärger, den Schmerz zu überwinden und dem Leben eine neue Chance zu geben ist eine Meisterleistung.*

sere Strategien durchleuchtet und gelernt, dass es anders gehen kann und wir nicht mehr kämpfen müssen. Wenn wir dem inneren Kind einen geschützten Ort geben und uns dem inneren Erwachsenen anvertrauen, dann können wir uns selbst retten. Wir können uns selbst zur Seite stehen und uns in Sicherheit fühlen. Damit haben wir alles, um nun in echte Stille und Ruhe zu kommen. In Frieden zu kommen mit den alten Wunden und mit denjenigen, die sie verursacht haben.

Frieden zu schließen ist ein machtvolles Werkzeug, um die Vergangenheit wirklich hinter sich zu lassen.

Wenn wir es schaffen, unsere alten Wunden zu heilen, sind wir frei, unser Leben ganz neu zu gestalten. Vielleicht beginnen wir damit, unseren Kleiderschrank zu entrümpeln, unsere Beziehungen zu überdenken oder unsere Ernährung zu ändern. Der innere Frieden gibt uns die Freiheit zu überprüfen, ob unser Selbstbild noch dem entspricht, wer wir sind oder ob es unser altes verletztes und deshalb angepasstes oder nach Aufmerksamkeit rufendes Ich zeigt. Wir können uns von Menschen und Gedanken trennen, die uns nicht guttun und uns in jener Vermeidungshaltung verharren lassen, die wir verlassen wollen. Wir können und müssen sorgsamer nachspüren, was uns guttut. Was wir wirklich brauchen und wollen. Wir können neue Ziele in den Blick nehmen.

Nicht jeder muss auswandern, sich selbstständig machen oder mit dem Motorrad durch zwanzig Länder fahren, um erfüllt zu sein. Ein mutiger Plan ist immer einer, der dazu führt, die eigene Komfortzone zu verlassen. Eine Beziehung einzugehen, statt wie üblich wegzulaufen. Oder sie zu verlassen, wenn wir nur deshalb am anderen kleben, weil wir nicht alleine sein wollen. Ein Haus zu kaufen, obwohl wir uns vor der Verantwortung drücken wollen. Oder es endlich loszulassen, obwohl wir glauben, es zu brauchen. Weil es uns finanziell zu sehr bindet. Niemand weiß, was für andere richtig und was falsch ist. Niemand darf uns vorschreiben, wie für uns ein erfüllendes Leben aussehen sollte. Nicht mal die eigenen alten Wunden dürfen das. Echter, dauerhafter innerer Frieden entsteht nicht durch bequeme, nur scheinbar vernünftige Entscheidungen, sondern durch mutige, kühne Pläne, die die eigene innere Wahrheit zur Grundlage haben. Von außen können unsere Vorhaben durchaus unscheinbar aussehen, aber es kommt darauf an, wie es sich für uns anfühlt.

Das Wichtigste ist, dass wir durch die Beschäftigung mit unseren alten Verletzungen lernen, eine liebevolle Beziehung mit uns selbst zu führen, auf uns und unser inneres Kind zu achten, für uns selbst da zu sein und kluge, verantwortungsbewusste Entscheidungen zu treffen. Ganz egal, was im Außen geschieht. Das macht uns zu verlässlichen und gütigen Freunden, Partnern, Eltern, Mitarbeitern, Chefs.

Also zu genau dem, was die Welt dringend braucht.

Danksagung

Danke an meine wundervolle Familie und meine so sehr unterstützenden Freunde für eure Geduld und eure Liebe.

Danke an Maria und an meinen Lebensgefährten Mike, ihr gebt mir Raum dafür, dass ich meine Berufung leben kann und dass gleichzeitig alles im Außen läuft.

Danke an den Schirner Verlag, bei dem die meisten meiner bisherigen Bücher erschienen sind. Ohne euch gäbe es meine Bücher nicht, ihr hattet den Mut, Vorreiter zu sein und mich als Autorin zu etablieren.

Ich danke von ganzem Herzen meiner Lektorin Petra Müller für die intensive und gute Zusammenarbeit, ohne sie wäre das Buch nicht, was es ist.

Danke an meine Tiere, ich brauche euch und eure Lebendigkeit und Zartheit mehr, als ich in Worte fassen kann.

Von ganzem Herzen Danke für alles, wirklich alles, was du mir gabst, an meinen geliebten Vater, der verstarb, während ich dieses Buch schrieb.

Doch ganz besonders danke ich dir, lieber Mo Moberg. Fürs Coachen, für deinen liebevollen, unbezahlbaren und klugen Input. Und dafür, dass du wie ein Cheerleader hinter mir stehst und mich anfeuerst.

BUCHEMPFEHLUNGEN

Weiteres von Susanne Hühn

Bücher:

Angst loslassen
Schirner, Darmstadt

Die Heilung des Inneren Kindes. Sieben Schritte zur Befreiung des Selbst.
Schirner, Darmstadt

Der innere Erwachsene
Schirner, Darmstadt

Heilung für das innere Kind. Die Praxis
Schirner, Darmstadt

CDs:

Das innere Kind: Unerwünschtsein verwandeln in Geliebtsein. Meditationen zum Buch
Schirner, Darmstadt

Der innere Erwachsene. Die Meditationen
Schirner, Darmstadt

Mein inneres Kind. Die Übungen und Meditationen
Schirner, Darmstadt

Arbeits- und Begleitbücher:

Der innere Erwachsene. Begleiter
Schirner, Darmstadt

Mein inneres Kind. Begleiter
Schirner, Darmstadt

Bücher von anderen Autor*innen

Berne, Eric:
Transaktionsanalyse der Intuition: Ein Beitrag zur Ich-Psychologie
Junfermann, Paderborn

Charf, Darmi:
Auch alte Wunden können heilen
Kösel, München

Hartmann, Silvia:
Emotionale Freiheit: Soforthilfe durch Klopftechniken
(Mehr zum Thema EFT)

Stahl, Stefanie und Tomuschat, Julia: *Nestwärme, die Flügel verleiht*
Gräfe und Unzer, München

Tolle, Eckhard:
Die Kraft des Jetzt
Kamphausen, München

Mehr Infos

Credo für Susanne Hühns Arbeit ist es, »Körper und Seele in Harmonie zu vereinen«. Neben ihrer Arbeit als Autorin und zahlreichen Büchern, vor allem zum Thema Inneres Kind, bietet sie für Einzelpersonen und Gruppen auch Lebenshilfeseminare, Mediationskurse, Kurse zum Thema Inneres Kind und pferdegestützte Therapien an.
susannehühn.de

IMPRESSUM

© 2019 GRÄFE UND UNZER
VERLAG GmbH, München

Alle Rechte vorbehalten. Nachdruck, auch auszugsweise, sowie Verbreitung durch Bild, Funk, Fernsehen und Internet, durch fotomechanische Wiedergabe, Tonträger und Datenverarbeitungssysteme jeder Art nur mit schriftlicher Genehmigung des Verlages.

Projektleitung: Anja Schmidt

Lektorat: Petra Müller

Layout & Umschlaggestaltung: Independent Medien-Design, Horst Moser, München

Bildnachweis: Stocksy (Coverfoto Rose)

Herstellung: Markus Plötz

Satz: Uhl + Massopust, Aalen

Repro: Repro Ludwig, Zell am See

Druck und Bindung:
C. H. Beck, Nördlingen

ISBN 978-3-8338-7116-0

1. Auflage 2019

Die **GU Homepage** finden Sie im Internet unter **www.gu.de**.

www.facebook.com/gu.verlag

Umwelthinweis
Dieses Buch wurde auf PEFC-zertifiziertem Papier aus nachhaltiger Waldwirtschaft gedruckt.

 www.facebook.com/gu.verlag

GRÄFE UND UNZER

Ein Unternehmen der
GANSKE VERLAGSGRUPPE

LIEBE LESERINNEN UND LESER,

wir wollen Ihnen mit diesem Buch Informationen und Anregungen geben, um Ihnen das Leben zu erleichtern oder Sie zu inspirieren, Neues auszuprobieren. Wir achten bei der Erstellung unserer Bücher auf Aktualität und stellen höchste Ansprüche an Inhalt und Gestaltung. Alle Anleitungen und Rezepte werden von unseren Autoren, jeweils Experten auf ihren Gebieten, gewissenhaft erstellt und von unseren Redakteuren/innen mit größter Sorgfalt ausgewählt und geprüft.
  Haben wir Ihre Erwartungen erfüllt? Sind Sie mit diesem Buch und seinen Inhalten zufrieden? Haben Sie weitere Fragen zu diesem Thema? Wir freuen uns auf Ihre Rückmeldung, auf Lob, Kritik und Anregungen, damit wir für Sie immer besser werden können. Und wir freuen uns, wenn Sie diesen Titel weiterempfehlen, in Ihrem Freundeskreis oder bei Ihrem online-Kauf.
  Sollten Ihre Erwartungen so gar nicht erfüllt haben, tauschen wir Ihnen Ihr Buch jederzeit gegen ein gleichwertiges zum gleichen oder ähnlichen Thema um.

KONTAKT
GRÄFE UND UNZER VERLAG
Leserservice
Postfach 86 03 13
81630 München
E-Mail: leserservice@graefe-und-unzer.de
Telefon: 00800 / 72 37 33 33*
Telefax: 00800 / 50 12 05 44*
Mo-Do: 9.00-17.00 Uhr
Fr: 9.00-16.00 Uhr (*gebührenfrei in D,A,CH)

Wichtiger Hinweis

Die Gedanken, Methoden und Anregungen in diesem Buch stellen die Meinung bzw. Erfahrung des Verfassers dar. Sie wurden vom Autor nach bestem Wissen erstellt und mit größtmöglicher Sorgfalt geprüft. Sie ersetzen jedoch nicht den Besuch eines Arztes oder Heilpraktikers und sind kein Ersatz für eine medizinische Diagnosestellung oder Therapie. Weder Autor noch Verlag können für eventuelle Nachteile oder Schäden, die aus den im Buch gegebenen praktischen Hinweisen resultieren, eine Haftung übernehmen.